트라이브즈

**일러두기**

- 본문의 각주는 모두 옮긴이 주이다.
- 국내 번역 출간된 도서는 한국어판 제목을 표기했으며, 미출간 도서는 원어를 병기했다.

# TRIBES
## SETH GODIN

AI 시대, 누구와 함께 일해야 하는가

# 트라이브즈

세스 고딘 지음 | 송보라 옮김

필름○

# 차례

AI 시대, 누구와 함께 일해야 하는가

# 트라이브즈

TRIBES

# 조엘 스폴스키가
# 세상을 바꾸다

Joel Spolsky
is changing the world

그것이 당신의 세상을 바꾼 것은 아닐지 몰라도, 프로그래머와 소프트웨어 회사, 그리고 그들과 일하는 사람들의 세상은 분명 달라졌다. 우리는 조엘 스폴스키$^{Joel\ Spolsky}$가 세상을 바꾼 방식을 주목해야 한다.

뉴욕시에서 작은 소프트웨어 회사*를 운영하던 조엘은 성공적으로 소형 소프트웨어 회사를 꾸려 나가는 방법을 열정적으로 공유했다. 블로그와 책, 콘퍼런스에서 이 주제를 다루며, 그는 유능한 많은 이들이 프로그래머를 구하고, 채용하고, 관리하는 관점을 바꾸었다. 그리고 그 과정에서 자신을 리더로 따르는 크고 영향력 있는 부족을 모았다.

부족$^{Tribes}$은 구성원과 리더, 아이디어로 연결된 집단을 뜻한다. 수백만 년 동안 인간은 하나 이상의 부족에 속해 왔다. 부족이 되기 위해선 두 가지만 있으면 된다. 바로 공통의 관심사와 소통 수단이다. 조엘은 이 두 가지를 모두 제

---

•　　당시 포그 크리크 소프트웨어(Fog Creek Software).

공했다. 그는 자신의 블로그에 생산적인 구인·구직 게시판을 운영했고, 이에 뛰어난 개발자와 좋은 일자리가 몰려들었다. 또한 프로그래머가 일하기 적합한 환경인지 판단하는 유명한 척도인 '조엘 테스트Joel Test'●●도 만들었다. 구글에 '조엘Joel'을 검색하면 약 7,600만 개의 결과가 나오는데 그 중 가장 상단에 조엘 스폴스키의 이름이 등장한다. 당연한 결과다.

부족은 리더가 필요하다. 리더는 한 명일 수도, 여러 명일 수도 있다. 사람들은 연결과 성장, 그리고 새로운 것을 원한다. 그들은 변화를 갈구한다. 조엘의 리더십은 변화를 이끌었다. 그는 자신의 부족이 업계의 비즈니스 방식을 완전히 바꿀 수 있는 발판을 마련했다. 그 과정에서 자신의 열정을 발견했고, 회사도 성장시켰다.

리더 없이 부족은 존재할 수 없다. 마찬가지로 부족이 없다면 리더도 될 수 없다.

●●　　12개의 체크리스트로, 매우 간단하고 빠르게 개발 환경을 가늠할 수 있다.

# 그레이트풀 데드의
# 색다른 여정

수십 년 전, 제리 가르시아<sup>Jerry Garcia</sup>와 그가 이끌던 록밴드인 그레이트풀 데드<sup>Grateful Dead</sup>는 음악 산업을 완전히 바꾼 몇 가지 결정을 내렸다. 음악 산업에 종사하지 않고 그들의 콘서트에 가 보지 않았다 해도, 그레이트풀 데드가 이끈 변화는 당신의 분야를 비롯한 거의 모든 산업에 영향을 미쳤다고 할 수 있다.

그레이트풀 데드는 1,300억 원 이상의 수익을 올리며 파급력을 생생히 보여 주었다. 그들의 성공은 음반 판매로 얻은 것이 아니었다('TOP 40'에 든 앨범도 단 한 장뿐이다). 대신 그들은 열광적인 부족을 모으고 이끌며 성공을 거두었다.

어딘가에 속하고 싶다는 욕망은 인간의 본능이다. 우리가 살아남을 수 있었던 가장 강력한 방식은 부족을 이루고, 비슷한 생각을 가진 사람들끼리 서로 돕는 것이었다. 사람들은 리더와 그가 제시하는 생각에 끌린다. 소속되고 싶은 욕망, 그리고 새로움이 주는 짜릿함도 강력하게 작용한다.

그레이트풀 데드의 팬 집단 '데드헤드<sup>Deadhead</sup>'의 한 사람이 다른 이들에게 "2-14-70"*이라고 말했다고 가정해 보자. 마치 부족만이 알아듣는 비밀 암호처럼 들릴 것이다. 그들끼리 나누는 미소와 포옹, 악수 또한 자신이 누구인지 드러내는 신호가 된다. 우리는 내가 어떤 부족에 속해 있는지를 통해 스스로를 인식한다.

인간은 하나의 부족에만 머무르지 않는다. 여러 부족에 속하고 싶어 한다. 당신이 적절한 도구를 마련해 사람들이 쉽게 들어올 수 있게 한다면, 그들은 계속해서 합류할 것이다.

부족은 우리의 삶을 풍요롭게 하고, 그 부족을 이끄는 일은 최고의 삶으로 이어진다.

* 　그레이트풀 데드의 1970년 2월 14일 공연을 뜻한다.

# 지역적 장벽이 없어진
# 부족

Tribes Used to Be Local

비영리 벤처 캐피털인 어큐먼펀드<sup>Acumen Fund</sup>의 설립자, 재클린 노보그라츠<sup>Jacqueline Novogratz</sup>는 세상을 바꾸고 있다. 자신이 속한 지역 사회뿐 아니라 20여 개국 사람들의 동참을 이끌면서 말이다. 재클린은 개발도상국의 기업가들이 지역 주민을 위한 사회적 기업을 만들도록 돕는다. 깨끗한 물과 구급차, 돋보기 등을 제공하는 조직을 세우도록 이끄는 것이다. 그녀는 기존의 통념을 깨고 확장 가능하고 지속 가능한 방식으로 이를 실현하고 있다.

어큐먼펀드의 열정적인 리더로서 재클린은 자선 활동의 성격 자체를 바꿨다. 기부자, 직원, 기업가, 후원가로 이루어진 부족들은 영감과 동기를 북돋는 그녀의 리더십을 따른다.

부족은 오랫동안 지역을 기반으로 형성됐다. 마을 사람들, 새크라멘토의 자동차 모형 애호가들, 스프링필드의 민주당 당원들이 그 예다. 기업과 조직도 사무실과 시장을 중심으로 부족을 만들었고, 그 안에서 직원과 고객, 교인으로 이루어진 공동체가 자리 잡았다.

인터넷이 등장하면서 이러한 지역적 장벽을 제거했다. 즉 부족들의 규모가 커졌으며, 더 많아졌다는 의미다. 작은 부족, 영향력 있는 부족, 수평적인 부족, 수직적인 부족 등 이전에는 전혀 존재할 수 없던 새로운 형태의 부족들이 생겨났다.

함께 여행하는 부족, 물건을 사고 투표하고 토론하고 싸우는 부족, 서로의 이름을 모두 아는 부족까지 그 형태는 다양하다. 미국 중앙정보국$^{CIA}$의 전문 인력도, 미국시민자유연맹$^{ACLU}$의 자원봉사자들도 하나의 부족이다.

부족을 이끄는 데 도움을 주는 새로운 도구들도 쏟아져 나왔다. 페이스북$^{Facebook}$과 닝$^{Ning}$, 밋업$^{Meetup}$, 엑스$^{X, 구 트위터}$뿐 아니라 이제는 AI를 활용해 부족을 이끌 수 있다. 그야말로 한 세대 전에는 존재하지도 않았던 집단을 조율하고 연결하는 수천 가지의 방법이 있다는 얘기다.

그러나 이 모든 도구도 리더가 되겠다는 의지가 없다면 무용지물이다. 당신의 리더십이 위태롭거나, 현재에만 안주해 전념하지 않는다면 어떤 도구도 의미를 갖지 못한다.

당신 앞에는 수많은 부족과 수많은 도구가 놓여 있다. 시장은 당신을 기다리고 있고, 우리도 당신이 필요하다. 쓸

수 있는 도구는 충분하다. 필요한 것은 당신과 당신의 비전,
그리고 열정이다.

# 변화를
## 찾아서

In Search of a Movement

어떤 부족은 스스로를 가둔다. 현 상태를 지키기 위해 안간힘을 쓰고, 권위와 기존 질서에 도전하는 구성원은 묵살해 버린다. 대형 자선단체든 소규모 모임이든, 어려움에 처한 기업이든 폐쇄적으로 흐르기 쉽다. 이런 부족은 매력적이지 않다. 새로운 가치를 거의 만들어 내지 못하고, 금세 고루해진다. 하지만 그들도 변화를 기다리고 있다. 부족원들 또한 다시 활력을 되찾고, 전환점이 찾아오기를 바라고 있다.

변화는 짜릿하다. 이는 많은 이들이 단합하여 더 나은 것을 향해 나아가는 공동의 움직임이다. AI 시대의 효과적인 도구들은 이러한 변화를 더 쉽게 이끌고, 실행하고, 완수하도록 돕는다. 이제 필요한 것은 리더십뿐이다.

# 더 이상 느슨하지 않은
# 부족

Tribes Aren't So Squishy Anymore

인터넷이 없던 시절에는 부족을 조직하고 이끄는 것이 쉽지 않았다. 소식을 전달하고, 행동을 조정하고, 빠르게 규모를 키우기 힘들었다. 현대 사회에 들어서는 인터넷이 발달하며 즉각적인 커뮤니케이션이 가능해졌고, 그 결과 느슨하지 않은 단단한 부족을 만들 수 있게 되었다. 버락 오바마<sup>Barack Obama</sup>는 선거 운동을 하면서 단 28일 만에 600억 원이 넘는 후원금을 모았다. 단단히 결속된 부족의 힘 덕분이다. SNS와 블로그, 온라인 동영상 등 다양한 기술은 부족의 의미를 완전히 새로운 차원으로 끌어올렸다. 이 새로운 도구들은 부족을 서로 연결하고, 그 영향력을 더욱 확장시켰다.

이 책에는 부족의 효율성을 높이는 놀라운 도구들과 인터넷에 기반을 둔 사례들이 등장한다. 하지만 인터넷과 AI 기술은 그저 몇 가지 전술을 쉽게 해 주는 도구일 뿐이라는 사실을 명심하자. 부족의 진정한 힘은 오직 사람에게 달려 있다. 부족을 이끌기 위해 당신에게 필요한 건 키보드가 아니라, 무언가를 이루겠다는 열망이다.

하지만 그런 열망이 없다고 해도 너무 좌절할 필요는 없다. 때로는 직접 이끌지 않아도 괜찮다. 누군가 앞장서 당신에게 길을 보여 주는 것도 나쁘지 않다. 새로운 세상이 제공하는 힘은 의외로 단순하다. 당신이 이끌고 싶고, 이끌 필요성이 있고, 반드시 해야 한다면 그렇게 할 수 있다. 지금은 그 어느 때보다 리더가 되기 쉬운 시대다. 그리고 우리도 당신이 필요하다. 하지만 지금이 적당한 시기가 아니거나, 아직 이유를 찾지 못했다면 잠시 멈춰도 좋다. 관대하고 진정성 있는 리더십은, 그저 할 수 있다는 이유만으로 앞에 나서는 이기적인 리더십보다 언제나 더 강한 힘을 발휘한다.

# 그 와인은
# 어떤가요?

와인 라이브러리 TV<sup>Wine Library TV</sup>를 운영하는 게리 베이너척<sup>Gary Vaynerchuk</sup>에게는 열정적인 부족이 있다. 전 세계 수많은 와인 애호가들이 그가 전하는 이야기에 집중한다. 게리는 새로운 와인을 소개하고 인기 와인에 풍부한 설명을 곁들이지만 무언가를 팔지도, 사람들을 관리하지도 않는다. 대신 부족을 이끌 뿐이다. 그것은 계산된 마케팅이 아니라, 사람들의 열정을 움직인 관대한 행동이었다. 즉 게리는 강요하지 않고 사람들을 이끌었다.

이전에도 와인에 관해 말하고 쓰는 이들이 있었나 하면 물론이다. 심지어 게리가 아니어도 어디서나 간편하게 와인에 관한 정보를 찾아볼 수 있는 세상이다. 그럼에도 게리가 성공을 거둔 이유는 그가 새로운 매체와 기술을 사용해 자신의 열정을 전하고, 사람들과 끊임없이 소통하며, 변화를 창조했기 때문이다. 그 결과 그의 부족은 확장을 넘어, 스스로 성장하는 공동체로 자리 잡았다.

# 내부의
# 부족

The Tribe Inside

미치 매슈스<sup>Mich Mathews</sup>는 마이크로소프트<sup>Microsoft</sup> 마케팅 그룹의 수석 부사장이었다. 빌 게이츠<sup>Bill Gates</sup>와 스티븐 발머<sup>Stephen Ballmer</sup>는 10년이 넘도록 미치에게 마이크로소프트의 마케팅을 맡겼다.

하지만 당신은 미치 매슈스란 이름이 낯설게 느껴질 것이다. 그녀는 외부에 자신을 드러내거나 전문가로 나서는 대신, 회사의 마케팅을 기획하고 만드는 수많은 직원들로 이루어진 부족을 이끌었다. 이들은 미치에게 귀를 기울이고, 존중하고, 따랐다. 내부의 부족이 보여 준 깊은 충성심은 미치가 어렵게 쌓아 올린 특권이자, 그녀가 지닌 막중한 책임의 증거이기도 하다.

나는 부족을 이끌기로 기꺼이 선택한 이들을 위해 이 책을 썼다. 우리를 성장시킬 기회는 어디에든 존재한다.

# 기회

자, 간단하다. 부족은 이제 어느 곳에나 존재한다. 조직의 내부와 외부, 공공 기업과 민간 기업, 비영리 재단, 교실에 이르기까지 지구상 어느 곳에서나 말이다. 이 모든 부족은 리더십과 연결을 갈망하고 있다. 당신 앞에 부족을 찾고, 만들고, 이끌 엄청난 기회가 펼쳐져 있다는 의미다.

'내가 부족을 이끌 수 있을까?'라는 질문은 더 이상 중요하지 않다. 지금은 '내가 이끌 것인가?'라는 선택의 문제만 남았다.

나는 오랫동안 우리가 모두 마케터라는 사실을 강조해왔다. 미디어 채널이 폭발적으로 증가하고 조직에서 개인의 역량을 발휘하는 범위가 넓어진 만큼, 이제는 모든 이가 마케팅 영향력을 발휘할 수 있다.

이 책은 거기서 한 발 더 나아간다. 우리는 모두 마케터이면서 동시에 리더이기도 하다. 부족과 다양한 모임이 급증한 지금 이 시대에 뜻이 있는 사람이라면 누구나 변화를 만들어 낼 수 있다.

리더가 없으면 추종자도 없다.

당신은 리더다.

그리고 우리는 당신이 필요하다.

# 믿음

부족은 믿음에서 시작된다. 아이디어와 공동체를 향한 확고한 믿음이다. 그리고 그 바탕에는 리더와 다른 구성원에 대한 존중과 존경이 깔려 있다.

당신은 자신이 하는 일을 믿는가? 늘 그렇게 말할 수 있는가? 믿음은 사실 가장 현명한 전략이기도 하다.

다음의 세 가지 변화는 거의 동시에 일어났고, 같은 결과를 낳았다. 당장은 힘들지 몰라도 결국은 놀라운 성과로 이어졌다.

1. 많은 사람이 깨달았다. 끝없이 긴 노동 시간을 견디며 월급을 받고, 해고되거나 죽기를 기다리는 삶보다 스스로 가치 있다고 믿는 일에 힘을 쏟는 편이 훨씬 더 만족스럽다는 사실을.
2. 많은 조직이 상품과 서비스를 생산하는 공장 중심의 모델이 예전만큼 수익성이 좋지 않다는 사실을 발견했다.
3. 많은 소비자가 공장에서 찍어 낸 기성품을 사지 않고, 진부

한 아이디어에는 시간을 소모하지 않기로 결심했다. 대신 그들은 멋진 것과 이야기, 중요한 일과 그들이 믿는 것에 시간과 돈을 쓰기로 했다.

이제 우리는 무언가를 성취할 수 있는 지렛대와 자신의 믿음을 실행하려는 열망, 놀라움을 원하는 시장이 존재하는 세상에 살고 있다. 그러나 이 모든 변화 속에서도 우리는 여전히 갇혀 있다.

우리는 여전히 오래된 규칙을 따른다.

변화를 피할 뿐 아니라 강렬히 저항하는 산업에 갇혀 있다.

상사의 비난이 두렵고, 혹여나 문제에 휘말릴까 봐 무섭다.

무엇보다, 우리는 여전히 관리자나 직원처럼 행동한다. 충분히 리더가 될 수 있는데도 말이다. 즉 부족이 아닌 공장의 방식에 아직도 머물러 있는 셈이다.

아이러니하게도 이 모든 두려움이 과거에는 꽤 효과적인 전략이었다. 변화는 위험의 신호다. 그래서 우리는 본능적으로 변화를 두려워한다. 효율이 전부였던 거대한 공장 시스템에서는 그 두려움이 오히려 유용했다. 그러나 오늘날, 일터에서 우리를 보호해 주던 두려움은 적이나 마찬가지다. 두려움은 당신의 앞길을 방해한다. 당신이 미국 인터넷 미디어 회사인 AOL이나 모기지 중개 회사에서 일한다고 상상해 보자. 얼마간은 즐거울지 몰라도 공장이 쇠퇴하기 시작하면 전혀 다른 이야기가 된다.

'오늘 하루는 어땠는가?'라는 질문은 보기보다 심오하다. 최고의 성과를 내고, 위대한 결과를 만들고, 가장 많은 변화를 일으키는 이들은 자기 일을 좋아하는 사람들이다. 그들은 세상을 바라보는 관점뿐 아니라 세상 자체를 바꾼다. 이단자들은 개인이 기존 시스템에 도전해 얼마나 놀라운 변화를 창조할 수 있는지 보여 준다.

애플Apple의 최고디자인책임자였던 조너선 아이브Jonathan Ive는 즐겁게 일하면서도 변화를 추구했다. 그는 디자인 팀을 이끌었고, 애플 컴퓨터 매킨토시Macintosh 부족들이 열광할 다양한 아이디어를 선보였다.

개인 민주주의 포럼Personal Democracy Forum●의 창립자인 마이카 시프리Micah Sifry는 매 순간 자기 일을 즐길 뿐 아니라,

●  2004년 뉴욕에서 시작한 콘퍼런스로, 디지털 기술이 정치, 정부, 사회에 미치는 영향을 탐구하고 분석하는 플랫폼.

정치에 관한 관점을 근본적으로 바꾸는 변화를 이끌었다. 수많은 사람들이 마이카의 리더십을 따랐고, 그 결과 그는 더욱 열정적으로 자신의 일에 몰두하며 하루를 보낼 수 있었다.

이단자들은 새 시대의 리더다. 그들은 기존의 시스템에 도전하고, 자기 부족을 앞에서 이끌고, 변화의 운동을 일으키는 사람들이다.

오늘날의 시장은 이런 이단자들을 받아들일 뿐 아니라, 그들에게 보상까지 한다. 정해진 규칙을 따르는 것보다 새로운 규칙을 만드는 일이 훨씬 더 흥미롭다. 그리고 이제 그 길이 더 수익성 있고, 더 강력하며, 더 생산적이다.

이 변화는 우리가 생각하는 것보다 훨씬 거대하다. 이단자와 말썽꾼, 변화를 이끄는 사람 들은 더 이상 골칫거리가 아니다. 오히려 우리의 성공을 좌우하는 존재다. 부족은 우리에게 변화를 일으킬 지렛대를 쥐여 주었고, 이로써 우리는 이전보다 훨씬 더 큰 힘을 갖게 되었다. 이 새로운 지렛대의 파급력을 반드시 생각해 보길 바란다. 가장 큰 수익을 내는 길이 동시에 가장 확실하고, 쉽고, 즐거운 길임을 기억하자. 어쩌면 이 책이 여러분이 이단자가 되는 길에 힘이 되어 줄지도 모른다.

# 왜 지금
# 이끌어야 하는가?

Why Should You Lead?
And Why Now?

부족이 사방에서 쏟아지는 만큼, 상대적으로 리더가 상당히 부족해졌다. 즉 우리는 당신이 절실하게 필요하다. 이 책에서 내가 말하고자 하는 몇 가지 핵심 원리는 다음과 같다.

- 인류 역사상 처음으로 조직의 상사뿐 아니라 모두가 리더가 될 수 있다.
- 오늘날의 조직 구조는 쉽게 변화할 수 있으며, 조직에 끼치는 개인의 영향력도 그 어느 때보다 커졌다.
- 시장은 변화를 이끌고, 놀라운 제품과 서비스를 만드는 조직과 개인에게 보답한다.
- 부족을 이끄는 것은 매력적이고, 짜릿하고, 수익성이 높고, 즐거운 일이다.
- 무엇보다 동료 직원, 고객, 투자자, 추종자, 애호가, 독자 등의 부족원이 당신을 기다리고 있다. 그들은 당신이 부족원들을 연결하고, 원하는 방향으로 이끌어 주길 바란다.

리더십을 발휘하는 것은 그리 어렵지 않다. 다만 당신은 오랫동안 이를 습관적으로 피해 왔을 뿐이다. 엄청난 변화를 이끄는 데 필요한 기술이 이미 당신 안에 있다는 사실을 깨닫고, 행동에 나서기를 바란다. 다행히도 리더가 되기 위해 걸맞은 일을 찾거나, 알맞은 조직을 세우거나, 승진을 기다릴 필요는 없다. 지금 바로 시작하라.

# 리더십≠경영

〈왈가닥 루시<sup>I Love Lucy</sup>〉라는 미국의 고전 시트콤에서 주인공 루시와 에설이 초콜릿 공장에서 일하는 에피소드가 나온다. 그 에피소드를 보면, 초콜릿 생산 라인의 속도가 점점 빨라지자 두 주인공이 쏟아져 나오는 초콜릿을 처리하려 마구 입에 집어넣는 장면이 나온다.

그 모습이야말로 경영의 본질적인 문제를 상징적으로 보여 준다.

경영은 어떤 일을 수행하는 데 필요한 자원을 효율적으로 관리하는 것이다. 예를 들어 버거킹 가맹점이 관리자를 고용할 경우, 명확한 업무 지시를 받은 관리자는 낮은 비용으로 일을 처리할 자원을 제공받는다. 그는 기존의 프로세스를 관리하고 외부 환경에 대응하며, 최대한 신속하고 저렴하게 일을 처리하기 위해 애쓴다.

반면 리더십은 당신이 믿는 변화를 일으키는 것이다.

리더십의 의미를 사전에서 찾아보면 가장 가까운 유의어로 '경영'이 나온다. 하지만 이 의미가 과거에는 맞았을지 몰라도 이제 더는 맞지 않는다. 변화가 필요한 곳에는 반드시 리더가 필요하고, 이는 결국 무언가를 이룬다.

관리자에게는 직원이 있고, 리더에게는 추종자가 있다.

관리자는 상품을 만들고, 리더는 변화를 만든다.

변화! 변화는 두려운 일이다. 때로는 리더가 될 수 있는 많은 이들에게 기회보다 위협으로 느껴지기도 한다. 정말 안타까운 현실이다. 왜냐하면 어디서 일하든, 어떤 일을 하든, 우리의 미래는 결국 리더의 선택과 행동에 달려 있기 때문이다.

# 왕이라는
# 달콤한 자리

It's Good to Be King

세상이 안정되어 있다는 전제라면, 왕의 자리는 특권은 많고 번거로움은 적은 달콤한 자리다.

역사 속 왕들은 한결같이 그 안정을 지키기 위해 애써왔다. 그것이 왕좌를 유지하는 가장 확실한 방법이었기 때문이다. 그리고 배부르고 후한 보상을 받으며, 무엇보다 자기 안위를 우선하는 아첨꾼들을 곁에 두었다.

군주제는 인류가 세상을 바라보는 관점에 엄청난 영향을 미쳤다. 왕은 우리에게 권력과 영향력, 임무를 가르쳤다. 그리고 자기 지역을 중심으로 부족을 만들고 권력을 행사해 규정을 지키게 했다.

우리는 왕족의 방식을 보며 회사 세우는 법을 배웠다. 비영리 재단과 다른 조직도 마찬가지다. 왕의 잔재가 질기게 남아 있는 셈이다.

전통적으로 기업의 중심에는 특권과 권력을 지닌 CEO가 있다. 왕, 즉 CEO에 가까워질수록 더 큰 영향력과 힘을 얻을 수 있다. 이런 기업의 목적은 왕을 더 부유하게 하고 그의 권력을 유지하는 것이다.

그런데 이제 무언가 달라졌다.

마케팅이 모든 것을 바꾸고, 새로운 지렛대를 만들면서 현재 상태를 완전히 뒤바꾸었다. 무엇보다 마케팅은 부족을 해방하고 활력을 불어넣었다.

왕이 마음에 들지 않으면 자유롭게 떠나면 된다.

한 세기 전, 전쟁과 정치의 양상이 바뀌는 것이 유럽의 권력자들에게 희소식이 아니었던 것처럼, 이러한 변화는 CEO들에게는 그다지 달갑지 않을 것이다.

마케팅은 우리가 만든 것을 세상에 이야기하는 행위다. 즉 매력적이고 널리 퍼질 이야기를 전하는 일이다. 마케팅은 대통령을 당선시키고, 자선기금을 모으며, CEO의 존속 여부를 결정한다(HP의 CEO였던 칼리 피오리나$^{Carly\ Fiorina}$는 이를 매우 어렵게 배웠다*).

여기서 가장 중요한 점은 마케팅이 시장에 직접적인 영향을 미친다는 사실이다.

과거 마케팅은 비용이 많이 드는 광고가 중심이었지만,

---

* 칼리 피오리나는 HP가 오랜 시간 지녀 온 정체성과 조직 문화를 제대로 읽지 못했다. 그로 인해 내부의 큰 반발을 초래했고, 결국 피오리나는 HP의 최초 여성 CEO라는 타이틀을 가지고 왕좌에서 내려와야 했다.

오늘날의 마케팅은 부족과 관계를 맺고 퍼져 나갈 이야기를 담은 제품과 서비스를 제공하는 데 초점을 둔다.

현재 시장은 어제 원한 것을 오늘 다시 원하지 않는다. 지난 100년간 이어진 마케팅 방식은 우리 안에 새로움에 대한 갈증을 끝없이 일으켜 왔다. 하지만 생각해 보면, 새로움이라는 개념은 본질적으로 안정과 양립하기 어렵지 않은가?

# 안정성은
# 환상이다

Stability Is an Illusion

마케팅은 안정성에 대한 우리의 인식을 바꾸어 놓았다. 인간은 본능적으로 안정을 원한다. 세상이 큰 변화 없이 유지되기를 바라고, 구글Google이 5년 뒤에도 여전히 업계 1위일 것이라 믿는다. 앞으로도 키보드로 글자를 입력하고, 비행기로 여행하며, 중국은 계속 성장하고, 극지방의 얼음은 그렇게 빠르게 녹지 않을 것이라 여긴다.

하지만 우리는 틀렸다.

마케팅과 스토리텔링의 역동성, 그리고 끊임없이 쏟아지는 광고가 우리를 가만히 있지 못하게 만들었기 때문이다. 여기에 인터넷과 AI 혁신이 더해지면서 변화의 속도가 더욱 증폭되었다.

누구도 평범하고 흔한 유튜브 동영상을 보지 않는다. 지루한 이메일이나 뉴스레터는 퍼져 나가지 않으며, 성장 가능성이 작아 보이는 주식에는 아무도 투자하지 않는다.

사람들은 이미 안정성이 입증된 것을 따르기보다 새롭고 멋진 것을 좇기 시작했다. 그리고 이런 유행에 민감한 얼리어답터들은 실제로 상품을 구입하고, 입소문을 내는 핵심 집단이다. 그 결과, 새로운 방식과 새로운 일, 새로운 기회와 새로운 인물이 어느 때보다 중요해졌다. 마케팅은 시장의 판도를 바꿨다. 이제 시장은 평범한 사람들을 위한 평범한 제품이나, 화려하고 강렬한 비싼 광고에 동요하지 않는다. 오늘날 시장이 원하는 것은 '변화'다.

　과거에는 '1906년에 설립된'과 같은 전통이 중요했지만, 오늘날에는 오히려 걸림돌이 되기 쉽다. 안정성에서 빠르게 멀어질수록, 당신은 더 큰 기회를 잡을 것이다.

# 편파적
# 신봉자

Partisans

정치인에게 이런 말을 한다면 비판이 되겠지만, 사실 모든 부족은 편파적인 신봉자들로 이루어져 있다. 신봉자들이 많으면 많을수록 좋다. 만약 중도적인 입장이라면 부족에 합류하지도 않을 것이다.

　편파적 신봉자들은 변화를 원한다. 그들은 무언가가 이루어지기를, 혹은 이루어지지 않기를 바란다. 따라서 리더는 자신의 견해를 명확히 하고, 부족원들과 적극적으로 소통하고, 부족원들이 서로 연결될 수 있도록 도우며 이들을 이끌어야 한다.

기존의 규칙은 단순했다. 조직을 성장시키는 가장 좋은 방법은 신뢰를 쌓고, 일관되게 운영하며, 시장 점유율을 조금씩 높여 가는 것이었다. 급격한 변화는 불확실성과 위험, 실패로 이어질 수 있었기에 적과 다름없었다. 사람들은 변화를 피해 달아났다.

잡지 《자선활동 연대기Chronicle of Philanthropy》가 꼽은 상위 50개 자선단체를 살펴보면 지난 40년 동안 거의 바뀌지 않았다. 왜 그럴까? 기부자들이 위험을 감수하면서까지 다른 단체를 선택하려 하지 않았기 때문이다.

전통적으로 비즈니스 세계에는 현재 상태에 안주하려는 보수 부족이 많았다. 하지만 이제는 다르다. 사람들은 변화를 원하며, 그러한 흐름에 기꺼이 참여하려 한다. 따분한 것이 아닌 놀라운 것에 주목한다.

유고Yugo와 르노Renault, 스털링Sterling의 사례를 살펴보자. 오래전 그들은 미국 자동차 시장에 새로운 아이디어를 도입하려 했다가 실패했다. 운전자들은 언제 사라질지 모를 자동차를 사고 싶지 않았고, 노동자들도 재정적 어려움을 겪는 회사에서 일하고 싶지 않아 했다. 그들은 안정적인 제너럴 모터스<sup>General Motors</sup> 같은 기업을 원했다.

이제 새로운 규칙에 집중할 차례다. 성장을 원한다면, 당신과 함께할 의지가 있고 당신을 믿고 지지하며 기꺼이 후원할 고객을 찾아야 한다. 그리고 그런 고객은 오직 새로운 것을 원하는 사람들이다. 성장은 변화와 깨달음, 그리고 약간의 소란 속에서 일어난다.

2008년 실리콘밸리에서 개발된 테슬라 로드스터<sup>Tesla Roadster</sup>는 수십 년 전에는 상상하기도 어려웠던 1억 원이 넘는 금액의 전기차이며, 출시 이후 빠르게 완판되었다. 이후 테슬라는 열성적인 고객과 지지자, 숭배자로 이루어진 부족을 만들었다.

토요타<sup>Toyota</sup>의 프리우스 하이브리드<sup>Prius Hybrid</sup>는 다른 업체들은 관심도 없었던 100년 된 기술을 기반으로 개발됐다. 오늘날에는 토요타를 따라 수많은 브랜드가 하이브리드차를 개발하고 있다. 하나의 부족이 변화의 흐름을 만든 셈이다. 정말 놀라운 일이다. 불과 몇 년 만에 가장 크고 견고했던 소비재 산업이 완전히 달라졌기 때문이다.

여러 압박과 고정비 부담이 있는 자동차 회사들이 새

로운 기술을 개발해 시장에서 성공했다면, 이 새로운 지렛대를 활용해 당신은 얼마나 많은 일을 할 수 있을지 상상해보자.

당신은 지금 어떤 일을 하고, 무엇을 만드는가?
리더는 소동을 일으킨다.

# 아래에서
# 이끌기

회의적인 사람들은 리더십의 개념에 의구심을 품는다. 리더가 되려면 임명을 받아야 하고, 권한 없이는 이끌지 못할 것이라고 믿는다. 대형 조직에서는 CEO만이 리더십을 발휘할 수 있고, 우리에게는 해당 사항이 없다고 생각하며 주저한다.

지금 당신이 일하는 곳이 그러한 대형 조직이고 변화가 힘든 곳이라고 가정해 보자. 그럼, 질문을 하나 던지겠다. 당신의 조직이 미 국방부보다 더 완고한가? 그들보다 더 관료적이고 형식적인가?

일개 전략 연구원이었던 토머스 바넷$^{Thomas\ Barnett}$은 미 국방부를 바꾸었다. 조직의 밑바닥에서부터 말이다. 그는 잡일을 담당하는 사람은 아니었지만, 그에 가까웠다. 미국 국방부 내에서 어떤 지위도, 계급도 없던 그는 그저 뛰어난 생각을 지닌 연구원이었다. •

《월스트리트저널$^{The\ Wall\ Street\ Journal}$》에 실린 그에 관한 기사를 살펴보자.

"바넷은 기존의 미 국방부 브리핑과는 다른 행위 예술에 가까운 3시간짜리 프레젠테이션을 제시하며 9·11 테러 이후의 세상에 적합한 개념을 재정비했다. 이에 따라 41세의 바넷은 현대 군대의 방향성에 관한 격렬한 논쟁에서 상당히 중요한 인물이 됐다. 군 고위 관계자는 많은 논란을 일으킨 그의 생각이 국방부가 그들의 적과 취약점, 미래를 생각하는 관점에 영향을 주고 있다고 밝혔다."

바넷은 변화를 간절히 원하는 부족을 이끌었다. 자기만의 아이디어로 그들에게 활력을 불어넣고, 영감을 주고, 서로를 연결했다.

그로 인해 아무런 권한이 없던 이가 갑자기 핵심 인물이 된 것이다. 부족은 이렇게 우리 모두에게 아주 공평한 기회를 제공한다. 리더가 되기 위한 역량과 태도는 반드시 필요하지만, 권한은 그렇지 않다. 오히려 권한이 리더십을 방해하는 요소로 작용하기도 한다.

- 바넷은 갈등과 불안정이 심한 국가들을 글로벌 경제 체제로 편입시키는 것이 미국 국방의 핵심 과제가 되어야 한다고 주장했으며, 추후 이 내용을 담은 저서 『펜타곤의 새로운 지도(The Pentagon's New Map)』를 발간했다.

# 그레이트풀 데드와
# 잭

The Grateful Dead ··· and Jack

부족이 된다는 것의 진정한 의미를 다시 한번 곰곰이 생각해 보자.

수년 전 나의 책『퍼미션 마케팅』에서 마케터들은 원하는 고객에게 동의를 얻고, 그들의 기대에 부응하는 개인적이고 적절한 메시지를 전달해야 한다고 말했다. 지금도 전적으로 동의한다.

하지만 부족은 여기서 훨씬 더 나아간다. 마케터나 리더가 부족에게 전하는 메시지 외에도 부족원 간에 주고받는 메시지, 그리고 부족원이 다시 리더에게 전달하는 메시지까지 다양한 방향으로 소통한다.

그레이트풀 데드는 이를 이해했다. 그래서 그들은 단지 음악을 듣는 것에서 나아가 관객들이 함께 즐기는 콘서트를 구성했다. 바로 그 지점에서 부족이 시작되었다.

대니엘 수처Danielle Sucher와 데이브 터너Dave Turner가 브루클린에서 운영하는 레스토랑 '잭Jack'을 살펴보자. 그들은 1년에 스무 번, 토요일 밤에만 예약제로 레스토랑을 연다. 온라

인으로 미리 메뉴를 본 후 원하면 예약과 결제를 한꺼번에
진행한다.

대니엘과 데이브는 자신들을 위한 음식이 아닌 손님들
을 위한 음식을 만들었고, 즐거운 파티를 여는 마음으로 레
스토랑을 운영했다.

대니엘은 유명한 '고다미스트Gothamist' 웹사이트의 음식
전문 칼럼니스트다. 대니엘과 데이브는 '하비스 브루리Habe-
as Brûlée'라는 음식 블로그도 운영한다. 다시 말해 그들은 이
미 부족들과 활발히 교류하고 있다. 따라서 잭 레스토랑
은 부족원들이 어울리고 소통하는 교류의 장소가 될 수 있
었다.

그리고 놀라운 음식과 친절한 서비스가 계속되는 한,
사람들은 계속해서 그곳을 찾을 것이다.

# 시장은 변화를 원하고, 변화를 위해선 리더가 필요하다

리더십은 부족이 믿는 변화를 만들어 내는 능력이다. 그리고 변화를 원하는 시장에는 당연히 리더가 필요하다.

공장에서 근무하는 관리자들은 공장이 그들에게 부여한 권한으로 직원을 관리한다. 관리자 말을 듣지 않으면 잘릴 수도 있다. 하지만 관리자가 변화를 만들 수는 없다. 그들이 맡은 일이 아니기 때문이다. 관리자의 임무는 할당된 작업을 공장의 노동자를 통해 완수하는 것이다.

반면 리더는 공장의 조직도나 직책에는 크게 관심이 없다. 그들은 관료주의로 위협하며 직원들을 관리하는 대신, 열정과 아이디어로 이끈다. 리더는 어떻게 해야 조직을 움직일 수 있는지 반드시 깨달아야 한다. 그래야만 변화를 이끌 수 있기 때문이다.

리더십이 언제나 위에서 시작되는 것은 아니다. 그러나 결국 위에 있는 사람들에게까지 영향을 미친다. 대부분의 조직은 기다리고 있다. 당신 같은 사람이 나타나 이끌어 주기를 말이다.

# 변화를 일으키는 조건

이제 두 명의 노벨상 수상자와 그들이 일으킨 운동을 살펴보자. 바로 무함마드 유누스Muhammad Yunus와 앨 고어Al Gore다. 그들에게는 분명한 공통점이 있는데, 이는 부족을 이끄는 데 필요한 전술과도 깊은 연관이 있다.

빈곤을 퇴치하는 소액 금융제도와 지구 온난화를 인식하고 저지하려는 노력은 모두 변화의 운동을 일으켰다. 그러나 어큐먼펀드Acumen Fund의 개발 및 파트너십 책임자인 야스미나 자이드먼Yasmina Zaidman은 훨씬 오래전부터 이 문제들과 해결책이 거론됐다고 말한다. 무함마드 유누스는 해결책을 몰랐던 게 아니다. 그는 이미 답을 알고 있었다. 그런데 그 생각이 주목받기까지 그렇게 오랜 시간이 걸린 이유는 뭘까?

짐작하겠지만 무언가를 지시하는 것과 운동을 도모하는 것은 크게 다르다. 사람들이 서로에게 아이디어를 전하고, 공동체 내에서 아이디어가 퍼져 나가며, 무엇보다 동료들의 지지가 '옳다'고 믿어 오던 행동을 실제로 변화시킬 때 조직적인 운동이 생겨난다.

위대한 리더는 부족의 원활한 소통을 북돋우며 변화의 운동을 이끈다. 그들은 그저 따르라고 명령하는 대신, 사람들이 관계를 구축하는 기반을 마련한다.

스카이프Skype가 전 세계적으로 퍼진 이유도 여기에 있다. 스카이프의 공동 창업자인 니클라스 젠스트롬Niklas Zennström은 작은 기업이 기존 전화 회사의 독점을 정면으로 무너뜨리기엔 역부족이라는 사실을 알고 있었다. 하지만 사람들이 자발적으로 연결되어 전 세계로 퍼져 나간다면, 변화는 가능해 보였다.

베스트셀러 작가 말콤 글래드웰Malcolm Gladwell이 베를린 장벽의 붕괴에 관해 쓴 글에, 위에서 말한 내용과 유사한 이야기가 담겨 있다. 동독의 붕괴는 열렬한 사회운동가 한 명의 노력으로 이루어진 것이 아니라, 느슨히 연결된 운동가들로 이루어진 부족의 거센 움직임 속에서 일어났다는 이야기다.

결국 변화의 운동 앞에서, 그동안 난제로 남아 있던 장벽들이 하나씩 무너져 내린 것이다.

# 더 나은
## 부족

앞서 보았듯 사람들을 부족으로 연결하기 위해서는 두 가지가 필요하다.

- 공통의 관심사
- 소통 방식

여기서 소통 방식은 네 가지 방향으로 일어난다.

- 리더가 부족에게
- 부족이 리더에게
- 부족원이 다른 부족원에게
- 부족원이 외부인에게

따라서 리더는 다음과 같은 전략으로 부족과 부족원의 효율성을 높일 수 있다.

- 공통의 관심사를 열정적인 목표와 변화를 향한 열망으로 전환하기
- 부족원들이 원활히 소통할 수 있는 도구를 제공하기
- 부족을 활용해 규모를 키우고 새로운 부족원 영입하기

많은 리더가 이 중에서 마지막 전략에만 집중한다. 규모가 큰 부족이 더 좋은 부족을 의미한다고 생각하기 때문이다. 하지만 사실 다른 두 전략의 파급력이 훨씬 크다. 당신이 취하는 모든 행동은 위 세 가지 전략에 영향을 줄 수 있다. 여기서 관건은 어떤 것에 가장 집중할지다.

미국자동차협회의 회원은 수백만 명에 이른다. 하지만 매년 2,000여 명이 참석하는 TED 콘퍼런스가 세상에 미치는 영향력은 그보다 훨씬 크다. 이유는 명확하다. 전자는 규모에 중점을 두고 후자는 변화에 중점을 두기 때문이다.

전미총기협회는 조직의 실제 규모에 비해 미국의 정치 문화에 상당한 영향을 미친다. 그 이유는 이 부족이 매우 단단하고, 여러 방향으로 활발히 소통하며, 공통의 아이디어와 더불어 열정적인 사명이 있기 때문이다.

집단이 활용할 수 있는 새로운 도구와 기술은 부족의 소통 방식을 바꾸고 있다. 현명한 리더라면 이런 도구를 적극적으로 받아들여 그 효과를 극대화해야 한다.

# 부족이
# 남기는 것

What Tribes Leave Behind

회사를 세우면 리더는 흔적을 남긴다. 공장 건물과 광고판, 재활용할 수 없는 폐기물 같은 것들이 그것이다.

　우리는 평소에 어떤 물건을 상상해 보라고 하면 쉽게 떠올릴 수 있다. 눈으로 보고, 손으로 만지고, 귀로 들을 수 있기 때문이다. 무엇보다 지금 당장 눈앞에 있으니 다른 것들보다 중요하게 보이기도 한다.

　그러나 부족은 물건이 아니다. 부족은 연결을 의미한다. 내가 가장 좋아하는 단체인 어큐먼펀드는 개발도상국 기업들에게 자립적 성장을 저해할 수 있는 단순한 금전적 지원을 제공하지 않는다. 그 대신 무역, 경영권, 상거래를 촉진할 수 있도록 실질적인 도움을 준다.

　어큐먼펀드는 부족과 부족을 연결한다. 헌신적이고 재능 있는 사람들로 이루어진 이 부족은 규모가 커질수록 자율과 존중, 성장의 메시지를 널리 퍼뜨린다. 놀라운 점은 여기서부터다. 물건이 남기는 부산물과 달리, 리더십이 만들어 낸 부족의 연결은 사라지지 않는다. 오히려 점점 확장된다. 부족이 성장하고 더 많은 사람이 합류할수록 연결은 더욱 촘촘해지고, 또 다른 연결을 낳는다.

부족은 가치를 전파하며 번성한다. 인터넷 업계에서는 이를 바이럴 확산이나 선순환이라고 부르기도 한다. 당신이 더 노력할수록 효과는 커진다. 연결은 또 다른 연결을 이끌고, 위대한 생각은 더 멀리 퍼져 나간다.

# 운동의
# 요소

정치인 빌 브래들리<sup>Bill Bradley</sup>는 조직적 운동이 다음의 세 가
지 요소를 갖춘다고 말한다.

1. 조직의 정체성과 비전을 제시하는 '이야기'
2. 리더와 부족 간, 그리고 부족원 간의 '연결'
3. '해야 할 일' (제한이 없을수록 좋다.)

그러나 많은 조직이 세 번째 항목을 제외한 나머지 요
소들을 갖추는 데 실패한다.

# 위키피디아

위키피디아<sup>Wikipedia</sup>의 성공 요인은 무엇일까? 초창기 위키피디아의 정직원은 고작 12명에 불과했다. 작은 후원금 외에는 뚜렷한 수익원도 없었다.

위키피디아의 공동 창업자인 지미 웨일스<sup>Jimmy Wales</sup>가 부족을 만든 방식은 그야말로 정석이라고 할 수 있다. 그는 작은 집단을 모아(단 5,000명이 사이트의 글을 대부분 작성했다) 위키피디아의 비전에 동참하게 했다. 지미는 부족원에게 무엇을 하라고 지시하지 않았다. 얼마나 일을 하는지 관리하지도 않았다. 그저 이끌었을 뿐이다.

지미는 끊임없이 발전하는 기술을 사용해 부족원들을 연결하고, 그들이 더 쉽게 참여하고 소통할 수 있도록 만들어 주었다. 그리고 그들에게 세상과 연결될 수 있는 다양한 플랫폼을 제공했다.

동기를 부여하고, 연결을 만들고, 그 연결을 지렛대로 활용한 것. 단순하지만 이것이 바로 위키피디아의 성공 요인이다.

# 소식지로
# 동참을 이끌기

Leading from the Bottom
(with a Newsletter)

1984년, 나는 24세의 나이에 작은 소프트웨어 회사인 스피나커Spinnaker에 입사했다. 매사추세츠주의 케임브리지에 있는 회사에서 1세대 교육용 컴퓨터 게임을 개발한다는 원대한 목표를 가지고 열심히 일했다. 나는 회사의 30번째 직원이었다.

여름 인턴십을 마친 후, 회사는 새로운 브랜드를 시작하라는 임무를 주었다. 공상과학 소설을 하나 구해 문학적 요소가 담긴 어드벤처 게임을 만들라는 것이었다. 회사는 이미 바이런 프레이스Byron Preiss에게 『화씨 451』을 비롯한 소설의 저작권을 사들였고, 추가로 다른 작품들도 함께 찾아 종국에는 모든 소설 작품을 게임 제품으로 만들어 전국 매장에 팔아야 했다. 문제는 내게 주어진 팀원이 한 명도 없었다는 것이다. 비서도, 직원도, 프로그래머도 없었다.

회사는 수많은 제품을 개발하느라 정신없었다. 그리고 엔지니어링 부서에 있는 40명의 프로그래머는 이미 여러 프로젝트에 순환 배치돼 있었다. 딱 3명의 프로그래머를 겨우 배정받았지만, 크리스마스 시기에 맞춰 출시하려면 그보다 훨씬 더 많은 인원이 필요했다.

그래서 나는 소식지를 만들기로 했다. 프로젝트에 참여하는 모든 이들의 작업물과 작업 중 문제 해결 방식, 우리가 새롭게 시도하는 음악과 게임을 소개했다. 그러고 나서 소식지를 복사해 약 100명에 달하는 직원들의 사내 우편함에 넣었다.

그렇게 일주일에 두 번씩 소식지를 배포했다. 일주일에 두 번씩 정기적으로 우리의 발견을 공유하고, 소수의 부족이 만드는 놀라운 일들을 기록한 것이다. 소식지는 부족원들을 연결했고, 서로 이질적이던 전문 엔지니어 그룹을 함께 일하는 공동체로 이끌었다.

한 달이 채 되지 않아, 6명의 엔지니어가 우리 부족에 합류해 일을 도와주기로 했다. 얼마 후에는 20명이 합류했다. 곧, 전 부서의 모든 직원이 우리 프로젝트에 함께하거나 잠시 도움을 주었다. 덕분에 크리스마스에 맞춰 목표했던 제품을 출시했고, 수백억 원의 매출을 올리며 큰 성공을 거두었다.

엔지니어들이 소식지 때문에 마음을 바꾼 걸까? 그들은 이 여정에 함께하기 위해 마음을 바꿨다. 중요한 일에 동참하고 싶다는 생각이 그들을 움직인 것이다. 당시 프로젝트에 함께했던 이들은 20년이 훌쩍 지난 지금도 우리의 성취에 관해 이야기한다. 그리고 당시 신입 사원이었던 24살의 나는 평생토록 잊지 못할 경험을 했다.

소식지를 만든 게 내가 한 일의 전부일까? 물론 아니다. 나는 어려운 업무를 수행하고 장애물을 제거했다. 프로젝트에 내 전부를 쏟았고, 영혼을 갈아 넣었다. 29명의 기술 전문가들과 나를 포함한 30명의 직원들이 출시 날짜를 맞추기 위해 한 달간 사무실에서 숙식할 정도였다. 모두가 그달에 완수해야 할 작업이 있었고, 내 임무는 다른 이들의 소통을 돕는 것이었다.

내가 한 모든 일은 나 자신이 아닌 우리 모두를 위한 것이었다. 나는 부족을 관리하지 않았다. 대신 부족을 이끌었다.

# 대중과
# 부족

대중과 부족은 두 가지 뚜렷한 차이가 있다.

하나, 대중은 리더가 없는 부족이다.

둘, 대중은 소통이 없는 부족이다.

많은 조직이 대중을 상대로 마케팅하는 데에만 시간을 쓴다. 하지만 영리한 조직은 대중을 목표로 삼지 않고, 부족을 만든다.

물론 대중은 매력적인 집단이다. 그들은 의미 있는 결과를 만들고, 시장에 영향력을 행사하기도 한다. 그러나 부족은 훨씬 더 지속적이며, 훨씬 더 강력한 효과를 낸다.

# 판도를 바꾼 마케팅

시장은 당신이 놀라움을 만들어 주기를 원한다. 가장 중요한 부족들은 따분한 어제가 아닌 새로운 내일을 이야기한다. 무엇보다 시장은 확산하는 아이디어가 성공하고, 멀리 퍼져 나가는 아이디어야말로 진정한 '놀라운 아이디어'라고 말한다.

과거에는 효율적인 공장과 마케팅을 갖춘 안정적인 브랜드가 승리했다. 펩시Pepsi, 구세군, 지역 상점이 시장의 중심에 있었다. 그런데 갑자기 오래된 브랜드들의 성장이 정체되기 시작했다. 가장 노련한 사업가가 성공한다는 공식도 깨졌다. 안정적인 직업은 이제 더 이상 안전하지 않게 됐다.

시장은 새로움과 특별함, 무엇보다 놀라운 것을 원한다고 계속해서 목소리를 높여 왔다. 우리가 당신을 따르길 원한다면, 결코 지루함을 느껴선 안 된다.

'충분히 괜찮다'라는 말은 오래전에 이미 의미를 잃었다. 이제는 놀라움을 선사할 때다.

# 평범함과
# 시시함의 차이

회사의 경영진은 대체로 평범한 사람들에게 평범한 제품을 선보이기를 원하고, 처음의 제품 상태에서 크게 바뀌지 않고 그대로 유지하기를 바란다. 이는 안정적인 환경에서는 적합한 전략이다. 신뢰와 안정성을 주는 동시에 적은 비용으로 수익을 낼 수 있기 때문이다.

푸시 전략에 기반한 전통적인 마케팅 업계 사람들은 이런 사실을 잘 알고 있었다. 그래서 평범한 제품을 대중에게 밀어붙이고, 가격 경쟁력이나 유통망으로 승부하는 방식을 가장 안정적인 전략으로 여겼다.

그러나 부족에게 평범함은 곧 시시함을 의미한다. 더이상 찾아볼 가치도 없고 지루할 뿐이다.

하루 종일 변화에 저항하고, 싫어하는 일을 하며 살기엔 시간이 아깝지 않은가? 그저 그런 것들을 만들며 살기에는 우리에게 주어진 인생이 너무나 짧다. 이제 사람들은 평범한 것에 좀처럼 열광하지 않는다.

평범함과 시시함에 큰 차이가 있을까? 사실 거의 없다.

평범한 것들은 당연하게 여겨지고, 화제가 되지 않으며, 당연히 찾는 이도 없다.

그 결과 열심히 일하는 선한 사람들이 하루 종일 자기 일을 지키고, 항상 팔던 것을 팔고, 조직이 새로운 힘에 무너지지 않도록 애쓰는 데 시간을 쏟는다. 정말 지칠 것이다. 시시한 것을 지키려 애쓰는 것만큼 기운 빠지는 일도 없다.

# 당신의
# 팬

How Many Fans Do You Have?

편집자 케빈 켈리$^{Kevin\ Kelly}$는 자신의 테크늄$^{Technium}$ 사이트에 '1,000명의 진정한 팬'의 의미를 탁월하게 묘사했다. 그에 따르면, 진정한 팬이란 당신과 당신의 일을 진심으로 소중히 여기는 부족원이다.

당신에게서 무언가를 사기 위해 길을 건너고, 친구를 데려오고, 당신을 지지하기 위해 시간과 노력을 투자하는 사람들 말이다. 예술가에게 필요한 것은 1,000명의 진정한 팬으로 이루어진 부족이다. 그거면 충분하다.

진정한 팬이라면 세 명의 친구를 데리고 가수 존 메이어$^{John\ Mayer}$의 콘서트에 가거나 화가 척 클로스$^{Chuck\ Close}$의 전시회에 갈 것이다. 진정한 팬은 그냥 서점 사이트에서 책을 둘러보는 대신 도서 초판을 손에 넣고, 양장본을 구하기 위해 더 많은 돈을 낼 것이다. 무엇보다 진정한 팬은 다른 팬들과 소통하며 예술가의 파급력을 널리 퍼트릴 것이다.

물론 회사나 비영리 기관, 교회라면 더 많은 팬이 필요할 수 있다. 스타벅스$^{Starbucks}$라면 100만 명의 팬이 필요할지도 모른다. 당신이 대통령으로 출마한다면 1,500만 명이 필요할 수도 있다. 하지만 분명한 사실은, 그 숫자가 당신이 생각하는 것보다 훨씬 적다는 점이다.

많은 조직이 팬이 아닌 숫자에만 신경을 쓴다. 조회수와 방문자 수, 미디어 언급 빈도 등에 연연한다. 정작 소중한 팬들이 전하는 깊은 헌신과 서로 간의 연결은 놓치면서 말이다. 진정한 리더라면 인원수 늘리기에 급급하기보다 일반적인 팬을 진정한 팬으로 만드는 게 중요함을 깨달아야 한다.

진정한 팬은 찾기도 어렵고, 있다 해도 수가 적기 때문에 매우 소중하다. 단 몇 명의 진정한 팬으로 모든 것이 바뀔 수 있다. 그들이 원하는 건 당신의 관대함과 용기뿐이다.

# 엑스와 신뢰,
# 부족과 진정한 팬

Twitter and Trust<br>and Tribes and True Fans

많은 이들이 SNS, 특히 엑스의 가치를 잘 모른다. 엑스는 공격적인 특징이 있고, 시간 낭비며, 멍청한 짓이라고 생각하기도 한다.

그러나 엑스의 사용자이자 팬은 그런 엑스를 유용하게 잘 활용한다. "운동하러 가는 길" 따위의 짧은 메시지를 빠르고 쉽게 전달할 수 있는 웹 프로토콜이므로 사용법은 놀라울 만큼 간단하다.

일반적인 휴대전화 메시지와 엑스에서 보내는 메시지가 다른 점은 전자는 한 명에게 전송되는 반면, 후자는 당신을 팔로우하는 모든 이에게 전송된다는 것이다. 예를 들어 보스턴에 사는 로라 피턴<sup>Laura Fitton</sup>에게는 수많은 팔로워가 있었다. 즉 그녀가 짧은 홍보 글을 엑스에 올릴 때마다 모든 팔로워에게 해당 글이 전송되었다.

오랫동안 엑스에 글을 쓰면서 로라는 신뢰를 쌓아 갔고, 이는 컨설턴트와 세계적인 연사라는 성공적인 커리어로 이어졌다.● 로라는 흥미로운 사람들과 교류하며, 부족이 세상을 바라보는 방식을 바꾸었다. 그 결과 로라를 찾고, 그에 대해 이야기하는 수많은 진정한 팬이 생겨났다.

로라는 한 번의 연설이나 블로그 포스팅으로 성공을 얻지 않았다. 관대함과 통찰력으로 부족원들에게 끊임없이 다가가며 리더의 자리를 쟁취했다.

개인적으로 나는 기술이 그토록 중요한 요소라고는 생각하지 않는다. 블로그와 엑스를 비롯한 모든 도구는, 당신이 이 글을 읽는 사이에도 생겨났다가 사라질 수 있다. 세부적인 전술은 오래가지 않는다. 기술은 늘 변한다. 중요한 것은 따로 있다. 그런 기술 덕분에 당신을 따르기로 선택한 사람들과 단단한 관계를 맺는 일이 갈수록 쉬워졌다는 사실이다.

●  추후 로라는 『초보를 위한 트위터(Twitter for Dummies)』라는 책을 공동 집필하고, '원포티(Oneforty)'라는 앱스토어를 창업했다.

# 현재
# 상태

현재 상태에 안주하지 않고 타파하는 조직이 승리한다.

조직을 밀어붙이고, 규칙을 바꾸도록 이끄는 이가 성공한다. 다시 강조하지만 리더십은 조직의 어느 곳에서나, 누구든지 발휘할 수 있다.

현재 상태란 모두가 당연하게 받아들이는 것을 말한다. 배송 시간, 중개 수수료, 상품 포장 방식, 가격 모델과 같은 것들이다. 오랫동안 그렇게 해 왔기 때문에 사람들은 현재 상태를 익숙하게 받아들인다.

그러나 어떤 '현재 상태'라도 바꾼다면, 당신은 놀라움을 선사할 기회를 잡은 것이다.

## 주도성=행복

주위를 한번 둘러보라. 어떤 시장이든 혁신(참신하고, 멋지고, 놀랍고, 새로운 것들)이 성공하고 있음을 쉽게 발견할 수 있다.

가장 빠르게 성장하는 교회는 대개 막 문을 연 교회다. 베스트셀러 역시 혜성처럼 등장해 단숨에 주목을 받는다. 사람들은 최신 판결을 반영한 새로운 절세 전략에 열광한다.

이런 제품과 서비스를 만들어 내려면 치밀한 기획이 아니라 과감한 주도성이 필요하다. 그리고 그런 주도성은 관리나 통제로 길러지는 종류가 아니다.

주도적으로 움직이다 보면 예상치 못한 흥미로운 효과도 따라온다. 놀라운 제품과 서비스를 만드는 일은 즐겁고, 즐거움은 더 깊은 몰입을 낳는다. 결국 성공 가능성이 있는 무언가를 스스로 이끌어 만들어 가는 것, 그것이 시간을 가장 가치 있게 쓰는 방법이다.

결국, 주도성은 곧 행복이다.

# 지렛대

긴 쇠지렛대가 있으면 널빤지에서 못을 빼낼 수 있다.

긴 시소가 있으면 스모 선수도 들어 올릴 수 있다.

지렛대의 강력한 힘을 이용하면 회사도, 산업도, 세상도 바꿀 수 있다.

우리는 모두 이전보다 훨씬 긴 지렛대를 갖고 있다. 인터넷과 입소문, 바이럴 콘텐츠와 아웃소싱, 비주류가 힘을 갖는 롱테일 현상, 그리고 소셜 미디어의 다양한 요소 덕분에, 전 세계 사람들은 이전보다 훨씬 더 큰 힘을 갖게 되었다. 그만큼 왕과 '현재 상태'는 위태로워졌다.

어쩌면 이 짧은 문단에 담긴 사실이 너무 부담스러워서 애써 외면하고 싶어질지도 모른다.

하지만 내가 말하고 싶은 핵심은 이것이다. 이제 한 개인이 5,000만 명이 시청하는 동영상을 만들 수 있는 시대라는 것.

한 개인이 산업을 완전히 바꾸는 새로운 가격 모델을

만들 수 있는 시대라는 것.

한 개인, 즉 당신은 모든 것을 갖췄다. 당신보다 위대한 무언가를 만드는 데 필요한 모든 조건을 말이다. 당신 주변의 사람들 역시 이를 알고 있다. 그리고 당신이 시작하기만 한다면, 그들은 기꺼이 당신을 따를 것이다.

# 스콧 빌의
# 파티

Scott Beale's Party

새로운 기술로 부족을 만든 간단한 사례를 살펴보자. 스콧 빌 Scott Beale 은 오랜 기간 혁신과 리더십을 보여 준 기획자다. 그의 회사인 래핑 스퀴드 Laughing Squid 는 웹호스팅부터 티셔츠 제작, 레이저 각인, 예술 행사 정보 소개까지 다양한 서비스를 제공한다. 즉 그는 다방면에 걸친 부족을 이끈다.

2008년 사우스 바이 사우스웨스트 SXSW 콘퍼런스에서 열린 구글 파티에 입장하기 위해 줄에 서 있던 스콧은 긴 대기에 지쳐 버렸다. 그래서 거리로 나와 걷다가 사람이 없는 조용한 바를 발견했다. 테이블에 앉은 그는 휴대전화를 켰다. 그러고는 엑스에 "진저맨 바에서 알타비스타 파티를 엽니다"라는 글을 올렸다. 몇 분 만에 8명이 나타났다. 조금 뒤에는 50명이 모였고, 곧이어 바 밖까지 줄이 늘어설 정도가 되었다.

어떤 특별한 대의를 지닌 운동은 아니었지만, 분명 부족의 모습이었다. 그 안에서 발생한 에너지와 연결성도 상당했다. 이러한 효과를 100만 개의 비슷한 부족에 곱해 본다면, 지금 어떤 일이 벌어지고 있는지 이해할 수 있을 것이다. 부족들은 그저 조직적 운동으로 발전되길 기다릴 뿐이다(가끔 맥주를 함께 마시면서 말이다).

단, 엑스는 단지 스콧의 파티를 도왔을 뿐 주도한 것이 아니라는 사실을 유념하자. 스콧이 자신을 팔로우하는 부족의 존경과 인정을 얻지 못했다면, 그는 바에 계속 혼자 앉아 있었을 것이다. 스콧이 파티를 여는 데 걸린 시간은 4분이 아니라 4년이 될 수도 있었다.

# 공장의
# 시작

공장은 두 가지 이유로 생겨났다.

첫 번째 이유는 꽤 명확하다. 공장은 효율적이다. 공장을 세우고 많은 노동자를 고용해 공장을 운영하는 것은 수익을 창출하는 좋은 방법이다.

여기서 말하는 '공장'이 반드시 거대한 장비와 기름투성이 바닥, 소음이 넘치는 장소를 의미하지는 않는다. 내가 말하는 공장은 제품이나 서비스를 생산하고, 측정할 수 있는 결과물을 내며, 그 과정에서 비용을 절감하려고 노력하는 모든 조직을 의미한다. 상사가 업무를 지시하는 조직은 모두 이 범주에 해당한다.

두 번째 이유는 효율성과는 무관하게 인간의 본성과 큰 관련이 있다. 안정성을 원하는 우리의 본성 때문이다. 공장의 일자리는 일종의 면책을 제공한다. '나는 당신이 시키는 대로 일한다'라는 개념에 안도감을 느끼는 것이다. 특히 그러지 않으면 곤궁해질 수 있는 상황일수록 더욱 그렇다. 그래서 공장이 처음 등장했을 때, 사람들은 너도나도 달려갔다.

최근 인도를 여행하고 나서 이 생각은 더욱 확고해졌다. 나는 만나는 사람들에게 최고의 직업이 뭐라고 생각하는지 물었는데, 대부분이 공무원이라고 답했다. 에어컨이 나오는 사무실에서 일하며, 주도적으로 무언가를 할 필요도 없고, 안정적이며 보수도 좋기 때문이다. 무엇보다 예측 가능하다는 점이 매력적이었다.

공장은 이미 우리 생활의 일부가 되었다. 공장은 우리에게 월급을 주고, 안정적이며, 사람들이 원하기 때문에 존재한다. 그러나 공장 안에서 변화를 만들어 내겠다고 나서는 열정적인 부족은 좀처럼 찾아보기 어렵다. 공장 밖에서 설레는 마음으로 놀라움을 기다리는 고객 부족도 마찬가지다.

# 공장의
# 종말

공장의 이점은 2만 명의 포드^Ford^ 노동자들이 하루아침에 일자리를 잃고, 대형 음료 회사들이 신생 브랜드에 성장 동력을 빼앗기면서 점점 빛을 잃기 시작했다.

공장에서 일하는 것이 더는 안정을 의미하지 않게 된 것이다.

개인이 영향력을 발휘할 수 있고, 통찰과 스타일이 기계를 앞서는 시대에, 상사의 지시만 따르는 태도는 더 이상 매력적이지 않다.

이 세상의 어떤 직업이든 선택할 수 있다면 당신은 어떤 일을 하겠는가?

뉴욕주 용커스의 사회보장국에서 일하는 말단 공무원?

운영난을 겪는 오하이오 GM 공장에서 일하는 중간 관리자?

맥도날드^McDonald's^의 감자튀김 제조 담당자?

이 중 하나를 답할 거라고 생각하지는 않는다.

이제는 에어컨이 나오는 사무실과 책임을 면할 수 있는

안전장치가 더는 공장 시스템을 지탱하는 핵심 요인이 아니다. 우리가 꿈꾸는 일자리를 떠올리면, 통찰력으로 놀라운 성공을 만들어 내는 사람을 상상하게 된다. 자율성을 바탕으로 자부심을 느낄 만한 제품과 서비스를 만들고, 자신의 시간과 노력을 주도적으로 쓰며, 적극적으로 의견을 내며 일하는 사람의 모습이다.

그것은 공장에서 일하는 방식과는 전혀 다른 모습이다.

# 프리 에이전트의
# 시대?

So Is It Really a "Free Agent Nation"?

작가 다니엘 핑크<sup>Daniel Pink</sup>는 현명한 이들이 조직을 떠나 자기만의 길을 개척하는 현상을 '프리 에이전트<sup>Free Agent</sup>의 시대'라고 표현했다.

내가 말하고자 하는 바는 조금 다르다.

조직은 그 어느 때보다 훨씬 더 중요하다. 다만 공장이 필요하지 않을 뿐이다.

조직은 복잡한 제품을 만들어 시장에 내놓고, 이를 지속적으로 뒷받침할 힘과 안정성을 갖춘 존재다. 무엇보다 큰 부족을 운영할 역량이 충분히 있다.

그러나 공장식 구조에서는 벗어나야 한다. 공장은 쉽게 아웃소싱될 수 있고, 오히려 성장을 가로막는다. 미래의 조직은 사명감을 지닌, 영리하고 빠르며 유연한 사람들로 채워져야 한다. 그리고 그렇게 만들기 위해서는 리더십이 필요하다.

전통적인 매뉴얼 방식으로는 어려운 상황을 헤쳐 나가기 힘들다. 불안정한 상황에서 성장을 도모하기 위해서는 조직을 연결하고 변화를 이끄는 리더가 필요하다. 직원들을 쥐어짜며 더 많이 해내라고 지시하는 관리자는 성장을 이끌 수 없다.

# 두려움이라는
# 단어

부족원들이 혁신을 높이 평가하고 있고, 혁신의 주도자도 혁신에 성공함으로써 더욱 큰 행복을 얻을 수 있는데도 그들이 행동을 주저하는 이유는 무엇일까?

바로 두려움 때문이다.

나는 지금까지 놀라운 아이디어를 가진 수천 명, 아니 수만 명의 사람들을 만나 왔다. 그중에는 괜찮은 아이디어도, 정말 훌륭한 아이디어도 있었다. 아이디어 자체는 무궁무진하다. 평범한 사람들도 놀라운 아이디어를 얼마든지 생각해 낼 수 있다.

문제는 아이디어를 실현할 의지가 없다는 것이다.

만약 두 아이디어가 맞붙는다면 언제나 가장 좋은 아이디어가 이길까? 대부분의 경우 그렇지 않다. 실제로는 더 완벽한 아이디어보다, 두려움 없이 끝까지 밀어붙이는 사람이 가진 아이디어가 승리하는 경우가 많다. 대개는 기존 질서에 주저하지 않고 도전하는, 두려움을 모르는 이단자의 아이디어가 결국 힘을 발휘한다.

사람들은 세상 어딘가에 아이디어 승인 부서가 있다고 믿고 싶어 한다. 그곳에서 심판처럼 앉아 어떤 아이디어가 가장 좋은지 공정하게 골라 주기를 바란다. 그래서 멋진 아이디어를 다듬어 그 승인 부서에 제출하고, 선택을 맡기면 될 거라고 생각한다.

하지만 안타깝게도 그런 일은 일어나지 않는다.

# 두려움에서
## 벗어나자

Thinking Your Way Out of the Fear

두려움은 가장 강력하고, 본능적이고, 오래된 감정이다.

언론은 실패한 이단자의 드문 몰락을 다루기 좋아한다. 기존 시스템에 무모하고 오만하게 도전하다가 직장과 집, 가족, 행복까지 잃어버린 사람들의 이야기 말이다. 우리는 그런 이야기에 쉽게 귀를 기울인다. 새로운 시도는 위험하다는 경고처럼 들리기 때문이다. 그래서 실제로는 좀처럼 일어나지 않는 사건임에도, 마치 흔한 일인 것처럼 크게 주목받는다.

흥미롭게도 내가 만난 열정적인 이단자들은 두려움을 없애려 하기보다, 그것을 넘어서는 법을 배웠다. 두려움이 찾아와도 다른 이야기로 스스로를 설득했다.

그 이야기는 성공과 열정, 그리고 중요한 일을 추진한다는 사명감에 관한 것이다. 지금의 세상(당신이 속한 산업이나 프로젝트)에 무엇이 필요한지, 어떤 변화를 만들어 낼 수 있는지에 대한 더 높은 차원의 이야기다.

당신의 두려움을 찬찬히 살펴보면서 이를 극복할 계획

을 세워 보자. 여기서의 계획은 영리한 전술이나 상사에게 효과적으로 글을 쓰는 방법 따위를 말하는 것이 아니다. 자신과 타인에게, 이제 세상은 더 빠른 변화를 원하고 있음을 분명히 해야 한다.

사실 이 짧은 글 몇 줄로 평생 당신을 붙잡아 온 두려움에서 단번에 벗어나기는 어려울 것이다.

그러니 이렇게 생각해 보자. 이 책이 말하는 유일한 지름길과 기술, 방법과 비밀은 단순하다. 지렛대는 이미 존재하며, 그것이 작동한다는 증거도 당신의 눈앞에 있다. 당신은 이미 힘을 가지고 있다. 다만 두려움이 그 힘을 가로막고 있을 뿐이다.

받아들이기 쉽지 않겠지만, 반드시 이해해야 할 사실이다.

# 피터의
# 법칙

The Peter Principle Revisited

미국의 학자 로런스 피터$^{Laurence\ Peter}$는 '모든 직원은 계층 조직에서 자신이 무능해지는 단계까지 승진한다'라는 '피터의 법칙'으로 유명하다. 다시 말해 일을 잘하면 당신은 승진하고, 결국 업무를 감당하지 못하는 자리까지 이어진다는 뜻이다.

나는 피터의 법칙을 다르게 표현하고 싶다. 실상은 '모든 직원은 어떤 조직에서든 종국에 두려움에 사로잡혀 움직이지도 못하는 곳까지 승진한다'라고 말이다.

좋은 리더는 자신의 두려움과 자신이 이끌고자 하는 사람들의 두려움을 직시해야 한다. 그렇다. 두려움은 사라지지 않을 것이다. 하지만 두려움을 인식하는 순간, 비로소 앞으로 나아갈 수 있다.

# 성과를
# 내지 못하는 이유

너무 흔한 현상이지만 꼬집어 부를 만한 용어가 없다. 오랫동안 힘들게 일해도 진전이 없는 사람들 말이다. 이렇게 지지부진한 모습은 보통 작은 조직에서 더 두드러지지만, 비영리 단체나 대기업에서도 발견할 수 있다.

계속 일하고, 모든 규칙을 따르고, 열심히 노력해도 성과를 내지 못한다. 고통은 많은데 얻는 게 없다.

도대체 무슨 일이 벌어지고 있는 걸까?

이들은 따르는 데는 매우 익숙하지만, 이끄는 법을 배운 적이 없다. 지시를 따르고, 명령을 따르고, 무리를 따르고, 기술을 연마하지만 정작 자신은 뒤로 숨는다. 앞으로 나서기 두려운 마음에 숨는 것이다.

하지만 자신이 속한 부족을 앞에서 이끌 때 얻는 혜택은 훨씬 크다. 일은 더 쉬워지고, 결과는 더 확실해진다. 그러므로 당신이 두려움을 극복해야 하는 가장 분명한 이유가 바로 여기에 있다.

# 보랏빛
# 소

놀라운 제품이나 서비스는 보랏빛 소와 같다. 갈색 소는 지루하고 눈길을 끌지 못하지만, 보랏빛 소는 주목할 가치가 있다. 보랏빛 소와 같은 아이디어와 조직은 성장한다. 오늘날 시장에서 가장 중요한 것은 보랏빛 소를 탄생시키는 것이다.

마케팅 공식은 이렇다.

퍼져 나가는 아이디어가 승리한다.

따분한 아이디어는 퍼져 나가지 않으며, 따분한 조직은 성장하지 않는다.

정체된 환경에서 일하는 것은 즐겁지 않다.

그중에서도 최악은 변화에 강렬히 저항하는 조직에서 일하는 것이다.

그렇다면 질문은 자연스럽게 다음으로 이어진다. 당신과 당신의 팀은 왜 보랏빛 소를 탄생시키지 못했는가?

# 과대평가 Fear of Failure Is Overrated

사실 실패의 두려움은 너무 과대평가된 핑계다. 왜일까? 당신이 누군가의 밑에서 일한다면 실패의 대가는 당신이 아닌 조직이 부담할 때가 많기 때문이다. 신제품 출시에 실패해도 조직은 당신을 해고하지 않는다. 회사는 수익을 조금 덜 번 것일 뿐이고, 대부분 그렇게 넘어갈 것이다.

사람들은 실패를 두려워하는 것이 아니라, 비난과 비판을 두려워한다.

우리는 비판이 두려워 뛰어나길 거부한다. 혁신적인 영화를 만들고, 새로운 HR 제도를 도입하고, 사람들이 주목할 만한 메뉴를 구성하거나 과감한 연설을 전하기를 주저한다. 누군가 그것을 싫어하고 우리를 비난할까 봐 무섭기 때문이다.

'정말 바보 같은 말이네!' '완전 돈 낭비지.' '책임자가 누구야?'

때로는 이렇게 직설적인 비난조차 필요 없다. '조사도 제대로 하지 않고 출시하다니 놀랍다'라는 말을 들을까 봐 두려워 조사에 더 매달리고, 분석에 파고들다가 결국 출시하지 않기로 결정한다. 그러고는 적어도 비난은 받지 않았다고 자신을 합리화한다.

실제로 비난받기도 전에 느끼는 두려움은 강력한 행동 억제제다. 사람들은 파격적이란 이유로 비판받는 몇몇 이들을 지켜보며 '조심하지 않으면 나도 저렇게 될지 모른다'고 마음에 새긴다.

물론 건설적인 비판은 훌륭한 도구다. 하지만 '별로야' '실망스럽네' 같은 비판은 전혀 도움이 되지 않는다. 오히려 방해할 뿐이다. 개선에 필요한 유용한 정보는 제공하지 않으면서 자기 힘을 이용해 상대에게 상처를 주기 때문이다. 좋은 결정에 도달하게끔 돕는 자료를 전혀 제공하지 않는 점에서 더욱 최악이다. 게다가 비겁하게도 비판의 근거를 밝히지 않아 상대가 의견에 반박할 기회조차 뺏는다.

나 역시 나쁜 평가를 받으면 감정이 상한다. 모든 사람이 내 책이 획기적이고 영감을 주며, 자세한 설명을 담은 사려 깊은 책이라고 말해 주기를 바란다.

하지만 현실은 늘 그렇지 않다. 하루 종일 기분이 가라앉을 만큼 거친 비판을 가하는 이도 있다.

그래도 괜찮다. 내 책이 주목받는다는 의미이기 때문이

다. 대부분의 사람들이 내 책을 좋아하고, 소수만이 내 책에 대해 혹평할 뿐이다. 수많은 책이 주목도 받지 못하고 사라지는 현실을 생각하면, 모든 관심이 소중하게 여겨진다.

조금이라도 비판을 받는 것이 일종의 명예 배지와 같음을 알기 때문에 이제는 혹평을 받았다고 해서 하루 종일 괴로워하지 않는다. 이는 내가 사람들의 예상을 뒤집었다는 뜻이기도 하다. 일부 사람들이 기대한 후속작이나, 간단하고 실용적인 지침서를 제공하지 않았다는 뜻이니까. 즉 내가 언급할 가치가 있는 일을 했다는 의미다.

만약 내가 지루한 책을 썼다면 어떤 비판이나 언급도 없었을 것이다. 어떻게든 언급되는 제품과 서비스는 입에 오르내릴 만한 가치를 갖는다.

당신의 하루는 어땠는가? 이에 대한 대답이 '괜찮다'라면 당신은 지금 무언가를 이끌지 않고 있다.

따라서 지루하거나 혹은 놀라울 다음 기회를 고민하기에 앞서, 다음의 두 질문을 자문해 보자.


1. 이 일로 비난을 받는다면 내게 치명적인가? 직업을 잃거나, 머리를 방망이로 맞은 듯한 큰 충격을 받거나, 소중한 우정을 잃을까?

비난의 유일한 부작용이 감정이 상하는 것 정도라면, 이를 가치 있는 일을 하면서 얻을 혜택과 한번 비교해 보라. 놀라움을 창조하는 것은 신나고, 재밌고, 수익성이 높으며, 당신의 커리어에도 엄청난 도움이 된다. 반면 속상한 마음은 시간이 지나면 희미해진다.

속상한 마음과 혜택을 비교한 후 놀라움을 창조하기로 선택했다면 이제 다음 질문에 답해 보자.

2. 어떻게 하면 사람들이 비판할 만한 것을 만들 수 있을까?

# 이단자들

이단자들은 다른 사람들보다 더 적극적이고 열정적이며, 더 큰 영향력을 지니고, 더 행복하게 살아간다. 그리고 그들을 지지하는 부족이 있다. 물론 이단자도 그 부족을 지지한다.

현재 상태에 도전하려면 내적으로도 외적으로도 단단해야 한다. 다른 사람들에게 다가가 자신의 아이디어를 용기 있게 제시해야 한다. 마치 마르틴 루터<sup>Martin Luther</sup>가 면죄부 판매를 비판하는 95개 조항을 교회 정문에 내걸었던 것처럼 말이다.

또한 이단자들은 믿음이 강해야 한다. 조직의 그 누구보다 현재 상태에 도전하고, 용기 있게 전진해야 한다. 그냥 출근 도장을 찍는 게 아니라 진정으로 몰입해 일하며 자신의 믿음에 확신을 가져야 한다.

스티브 잡스<sup>Steve Jobs</sup>가 그저 돈 때문에 일했겠는가? 물론 보상을 받는 건 좋다. 하지만 그가 가장 중요하게 여긴 것은 믿음이었다.

# 당신의
# 기념비

자기 과시적인 사람이 리더가 되는 걸까?

한국계 미국인 요리사인 데이비드 장 David Chang 은 든든한 부족을 지닌 뛰어난 요리사다. 블로그에는 데이비드의 음식에 관한 글이 끊임없이 올라오고, 사람들은 그의 레스토랑에 들어가기 위해 몇 시간이고 줄을 서서 기다린다. 고객들은 "데이비드 장은 천재다"와 같은 후기와 함께 그가 만든 음식 사진을 인터넷에 올린다.

요리사를 위한 기념비를 세운다면, 그들은 데이비드의 기념비를 가장 먼저 만들 것이다.

그러나 질문은 이것이다. 데이비드 장은 무엇을 위해 그렇게 일하는가? 자신의 영광을 위해서일까? 아니면 부족을 위해서일까? 정답은 이미 알고 있다고 생각한다. 위대한 리더들은 오직 부족에게 집중한다.

캐나다 노바스코샤주의 수도원에서 일하는 승려 페마 초드론 Pema Chodron 은 전 세계 수백만 명의 사람들에게 숭배를 받는다. 사람들은 그녀의 책을 읽으며, 녹음된 목소리를 듣고, 직접 찾아가 대화를 요청한다.

그렇다면 페마 초드론은 자아도취에 빠진 사람일까? 물론 아니다. 3분만 그녀의 목소리를 들어 봐도 그녀가 자신을 빛내고 싶어서가 아니라, 타인을 돕고 싶은 마음에서 행동한다는 것을 알 수 있다.

뉴욕시에서 식당을 운영하는 데이비드 장부터 책 추천 문화를 이끌어 시애틀에서 가장 사랑받는 사서가 된 낸시 펄Nancy Pearl까지 모든 위대한 리더에게 나타나는 공통점은 관대함이다. 그들은 부족이 무언가를 발견할 수 있도록 돕고, 발견한 것을 발전시킬 수 있도록 이끌기 위해 존재한다. 또 그들은 자신의 기념비를 세울 만큼 위대해지는 방법을 알기 때문에 두려움 없이 앞에 나서서 주장하고, 기존의 관습에 도전하고, 끊임없이 목소리를 높인다. 그런 행동은 용기를 요구한다. 그리고 바로 그 용기가 위대한 인물을 만든다.

자신이 지나치게 많은 관심을 받는 듯하다는 생각이 들면 행동하기를 주저하기 쉽다. 위대한 리더들은 그러한 주목을 자신의 팀과 부족에 돌린다. 관심을 받고 싶지 않더라도 부족을 통합하고 목적의식을 강화하는 목적으로 사용한다.

하지만 관심을 잘못된 방식으로 이용하면 리더는 부족에게 무언가를 앗아 가는 존재가 된다. 쿠바의 지도자였던 피델 카스트로<sup>Fidel Castro</sup>가 비자발적으로 참석하여 어쩔 수 없이 연설을 들어야 했던 사람들을 앞에 두고 6~7시간 동안 긴 연설을 했을 때 그는 부족의 에너지를 뺏은 셈이다. 마찬가지로 CEO가 특권에 취해 이기적인 군주처럼 행동한다면, 그는 더는 리더가 아니다. 약탈자일 뿐이다.

# 최고의
# 코치

저명한 클라이밍 코치 메건 맥도널드 <sup>Meghan McDonald</sup>가 미국의
클라이밍 팀인 팀 록 <sup>Team Rock</sup>을 이끄는 것을 보면 대단할 게
없어 보인다. 메건은 보통 지도가 필요한 팀원을 불러 일대
일로 오랜 시간 동안 대화를 나눈다. 전체 팀을 대상으로 말
할 때도 있지만, 절대 목소리를 높이진 않는다. 팀에는 우는
이도, 무시당하는 이도, 괴롭힘을 당하는 이도 없다.

　그런데 단 몇 주 만에 놀라운 일들이 벌어진다. 팀원들
이 서로 코치하기 시작한 것이다. 열 살짜리 초급자가 전국
대회에서 막 돌아온 베테랑에게 의견을 제시한다. 메건이
떠나도 그들은 연습을 계속한다.

　나는 스포츠 업계의 사례를 들어 설명하는 걸 좋아하지
않는다. 실제 세상과 다르게 너무 비현실적이고 거친 부분
이 있기 때문이다. 하지만 메건은 그저 코치가 아니다. 그녀
는 진정한 리더십을 이해하고 부족을 형성한다는 것의 의
미를 잘 아는 사람이다.

　메건은 다른 사람들이 하는 방식대로 팀을 이끌지 않았

지만 전혀 문제가 되지 않았다. 팀을 이끄는 데에는 올바른 기법, 입증된 전략, 옳고 그른 방법이 따로 존재하지 않는다. 중요한 것은 관리하지 않고 이끌기로 결심하는 것이다.

메건은 부족을 관리하지 않았다. 그들을 북돋우고, 서로를 잇는 연결을 이끌었다.

# 더
## 단단하게

우선 리더들이 해야 할 일은 부족을 단단하게 만드는 것이다.

물론 부족을 더 키우고, 많은 부족원을 영입하고, 더 넓은 세계로 뻗어 나가고 싶은 마음이 들 것이다. 하지만 이러한 점들은 결속력을 단단하게 지닌 부족의 파급력과 비교해 보면 의미가 무색해진다. 적극적이고 열정적으로 빠르게 소통하는 부족은 번영한다.

단단한 부족이라면, 부족원은 리더의 말에 더욱더 귀를 기울이고, 리더는 부족원들의 생각과 행동을 유연하게 조정하며 부족을 이끈다.

스티브 잡스와 애플은 애플 광신도들로 이루어진 부족을 다양한 방법으로 단단하게 결속시켰다. 수많은 신제품을 만들고 이를 온라인에서 발표해 애플 광신도들이 새로운 소식에 계속해서 '촉각을 세우게끔' 했다. 신제품 출시 후 몇 시간 만에 온라인을 통해 수백만 명, 아니 수천만 명의 사용자들에게 급속도로 퍼졌다. 그와 동시에, 신제품의 비밀 유지에 관한 잡스의 강한 집착 덕분에 애플은 흥미롭게도 부수적인 효과를 보았다. 온라인 루머 사이트와 갖가지 추측이 더해지면서 애플 팬들의 대화는 더 달아올랐다. 사용자들은 머릿속에서 상상한 애플의 신제품 모형을 만들어 사진을 공유하고, 자신의 주장을 뒷받침하기 위해 출처가 불분명한 애플의 특허 자료까지 파헤쳐 가며 논쟁을 이어 갔다.

이렇게 단단한 부족은 특정한 기술이나 금전적 동기가 없어도 만들 수 있다.

인간관계 전문가인 키스 페라지<sup>Keith Ferrazzi</sup>는 배우 멕 라이언<sup>Meg Ryan</sup>부터 지휘자 벤 잰더<sup>Ben Zander</sup>에 이르기까지 똑똑한 유명 인사들과 오피니언 리더들로 이루어진 부족을 이끈다. 키스는 이 까다로운 그룹을 억지로 통제하기보다, 부족의 결속력을 강화하는 방식으로 이끌어 낸다. 그는 사람들을 서로 소개하고, 저녁에 초대한다. 그리고 공통의 관심사를 찾아 연결해 준 다음 자리를 물러난다. 흐름을 만들어 주는 것만으로도 부족은 스스로 단단히 결속된다.

# 단단함을 이끄는
## 전술과 도구
Tactics and Tools for Tightness

현대 사회는 인터넷과 소셜 미디어의 폭발적인 성장으로 인해 마케팅이 어느 때보다도 수월해진 시대다.

첫 번째 마케팅 유형은 소식을 퍼트리고 새로운 사람들에게 도달해 다양한 부족이 생겨나게 한다. 밋업이나 크레이그리스트 같은 사이트는 기존에 닿을 수 없던 이들의 원활한 연결을 가능하도록 만들어 주었다.

내가 좀 더 흥미를 느끼는 건 두 번째 유형의 마케팅이다. 이는 조직을 더 단단하게 하고 부족 내에서 소식을 전달해 준다. 쉽게 말해 블로그나 인스타그램, 유튜브 등의 SNS가 바로 이런 방식이다. SNS 이용자들은 매우 간단한 무료 도구를 사용해 그들의 글을 원하는 이들에게 정기적으로(매일이든 매시간이든) 보낼 수 있다. 그리고 부족원들은 댓글과 대댓글로 서로 소통한다. 그곳에서 논의하고, 아이디어를 공유하고, 신속하게 결정을 내리는 것이다.

리더의 생각을 전파하는 SNS의 파급력에 관해서는 책 한 권을 쓸 수 있을 정도다. 체제를 비판한다는 이유로 묻혀 버렸던 목소리, 출판되지 못하고 사라지던 시가 이제는 빛을 볼 수 있다(물론 시인이 원한다면 말이다). 만약 놀라운 아이디어라면 퍼져 나갈 것이고, 그 과정에서 새로운 부족이 형성될 것이다. 과거에는 무명이었던 시인도 이제는 자신의 목소리로 사람들을 모아 리더가 될 수 있다.

SNS는 기존의 조직 내에서도 효과적이다. 나는 1984년에 엔지니어들을 이끌기 위해 소식지를 복사해 배포해야 했다. 하지만 당신은 SNS를 사용해 무료로 더 많은 이들에게, 더 효과적으로 메시지를 전달할 수 있다.

인터넷 기업들은 이러한 SNS의 취지를 발전시켜 누구나 부족을 강화하는 데 사용할 수 있는 다양한 도구로 확장했다.

엑스에 올리는 짧은 글들은 당신의 소식과 의견을 기다리는 수천 명의 팔로워에게 전달된다.

페이스북은 엑스의 방향성과는 반대로 움직인다. 글자 수에 제한을 두는 대신, 방대한 이미지와 글을 연결해 생성할 수 있다. 한 마디로 소셜 그래프를 보여 준다. 페이스북에서는 당신이 누구를 어떻게 알고, 누가 어떤 사람과 연결고리가 있는지 드러난다. 숨겨진 부족의 세계를 디지털이라는 밝은 빛으로 조명하는 셈이다.

온라인 교류의 세 번째 유형인 베이스캠프는 엑스나 페이스북과는 매우 다르다. 이 애플리케이션은 프로젝트를 관리하고 일을 추적하는 데 적합하도록 신중히 설계됐다. 이전에는 개인 이메일이나 수기 일지에 적었던 내용을 공유할 수 있게 해 주는 베이스캠프는 전 부족이 진행 과정을 살피고 목표를 향해 가는 추진력을 느낄 수 있도록 돕는다.

물론 이런 온라인상의 도구들이 리더십이 발휘하는 열의와 관대함을 완전히 대신할 수는 없다. 하지만 이 도구들을 현명하게 활용한다면 당신은 더 강력한 리더십을 발휘하고 더욱 생산적인 조직을 이끌 수 있다.

# 불편함

Discomfort

리더는 언제나 부족하다. 리더라는 역할에 따라오는 불편함을 감내할 사람이 적기 때문이다. 바로 이 희소성 때문에 리더십은 더욱 가치가 있다. 모두가 언제나 리더가 되고 싶어 한다면 리더의 가치는 떨어질 것이다. 새로운 변화를 이끌고자 하는 불편함이야말로 리더십을 진정으로 가치 있게 만드는 요소다.

다시 말해, 누구나 쉽게 할 수 있는 일이라면 모두가 뛰어들 것이고, 그런 일은 결국 큰 의미를 갖기 어렵다.

낯선 사람들 앞에 나서는 것은 불편하다. 실패할지도 모를 아이디어를 제안하는 일은 불편하다. 현재 상태에 도전하는 일은 불편하다. 안주하고 싶은 욕구에 저항하는 것은 불편하다.

이러한 불편함이 느껴진다면 이는 곧 리더가 필요한 곳을 발견했다는 의미다.

그리고 당신이 리더로 존재하며 불편함을 느끼지 못한다면, 잠재력을 제대로 발휘하지 못하고 있는 것이 분명하다.

# 추종자들

물론 부족은 추종자도 필요하다. 모든 조직은 그냥 따르는 정도가 아닌 열정적인 추종자가 필요하다.

그러나 눈먼 양 같은 추종자가 최고의 부족원이라고 생각하는 것은 큰 오해다. 아무 생각 없이 지침을 따르기만 하는 이들은 두 가지 면에서 실망을 준다.

첫 번째로 이들은 부족원들의 상호작용에 필요한 지역적 리더의 임무를 수행하지 못한다. 계획을 따르는 데 너무 집중해 딱딱한 조직을 활기찬 조직으로 이끄는 상호작용에는 머뭇거릴 것이다. 사람들은 그저 현재 상태를 확인하려는 목적만으로 부족에 참여하지 않는다. 정말로 무언가를 개선하고 싶을 때 적극적으로 참여한다. 따라서 부족원들의 작은 리더십, 즉 마이크로리더십<sup>Micro-leadership</sup>은 조직의 건강과 활력을 위해 꼭 필요하다.

두 번째로 그들은 부족에 새로운 부족원을 끌어들이지 못한다. 열정적인 전파 활동에는 리더십이 필요하다. 누군가에게 자신의 세계관을 포기하고 당신의 것을 받아들이라고 이끄는 것은 어렵고 불편한 일이다. 정치 운동가나 비영리 재단의 봉사자, 브랜드 애호가와 같은 활기찬 그룹을 떠올려 보자. 변화를 만드는 건 표면적으로 그룹을 이끄는 책임자가 아닌, 실제 현장에 있는 마이크로 리더들과 열정적인 추종자들이다.

# 앞장서기, 물러서기, 아무것도 하지 않기

집단은 진공 상태, 즉 아무 일도 일어나지 않는 상황에서 작은 틈을 만든다. 칵테일파티가 막 시작된 후, 그 자리에 있는 사람들이 무언가 일어나길 기다리는 모습을 생각해 보라. 아니면 쇼핑객들은 많지만 모든 상점이 닫혀 있어 에너지와 즐거운 분위기가 느껴지지 않는 개장 전 쇼핑몰을 떠올려 보자. 여기에 부족은 없다. 움직임 없는 집단 속에 제각각 존재하는 개인뿐이다.

리더들은 이러한 진공 상태에 들어가 활력을 일으키는 방법을 찾는다. 집단을 부족으로 만들 수 있는 움직임, 변화를 이끌기 위해 전력을 다한다.

학생은 교실에서 수업을 듣고 공부를 하며 그럭저럭 시간을 보낼 수도 있고, 아니면 적극적인 자세로 도발하고, 질문하고, 더 많은 것을 배우려 할 수도 있다.

마케터 역시 상품을 제안하고, 주문을 받고, 그럭저럭 넘어가거나, 아니면 활발한 상호작용을 이끌며 놀라움과 기쁨을 선사해 고객과 단순한 거래 차원을 넘는 관계를 구축할 수 있다.

이렇게 적극적으로 나서는 태도는 드물고 귀하다. 2008년 봄, 내가 모집한 인턴십에 130명 이상의 우수한 학생들이 전 세계에서 지원했다. 나는 실험적으로 비공개 페이스북 그룹을 만들어 이 지원자들을 초대했다. 60명의 지원자가 바로 그룹에 가입했다. 아직은 부족의 형태가 아닌 그저 온라인 포럼에 60명의 낯선 이들이 모인 상태였다.

놀랍게도 단 몇 시간 만에 그중 몇 명이 적극적으로 나서서 주제를 제시하고 토론을 시작했다. 그리고 다른 학생들에게도 의견을 내고 참여하라고 부추겼다.

나머지 사람들은 어땠을까? 그들은 조용히 앉아서 그저 지켜보고만 있었다. 발생하지 않을 일들을 두려워하며 뒤로 숨은 것이다.

자, 당신이라면 어떤 사람을 고용하겠는가?

아무것도 하지 않고 그저 지켜보기만 하던 학생들은 어떻게 자신이 인턴십에 뽑힐 거라고 생각하는지 모르겠다. 그냥 가만히 있어도 흥미로운 사람을 만나고 새로운 기회를 발견하게 될 거라고 믿는 걸까?

이 실험은 외부 요인, 부수적인 논의 사항, 예외적인 상황 등이 없다는 점에서 완벽했다. 그저 60명의 사람들이 각자 자신의 자연스러운 행동을 보였을 뿐이다.

모든 리더가 부족 앞에 전면적으로 나서야 하는 것은 아니다. 효과적으로 물러서는 것 또한 큰 노력이 필요하다. 위키피디아의 공동 창업자 지미 웨일스는 자신이 앞에 나서는 대신 다른 이들이 진공 상태를 채우도록 이끌었다. 인턴십 지원 과정에서 나 역시 플랫폼을 마련해 준 후에는 뒤로 물러나며 모든 과정에서 나서지 않았다.

하지만 가장 흔하면서도 절대 성공할 수 없는 방법이 있다. 바로 아무것도 하지 않는 것이다.

가만히 있는 것은 안전하게 느껴지고 노력도 별로 들지 않는다. 그래서 사람들은 엄청난 자기 합리화를 하며 숨으려 한다.

뒤로 물러서는 것과 아무것도 하지 않는 것은 비슷해 보이지만, 사실 그렇지 않다. 물러서 있는 리더는 부족에게 힘을 실어 주기 위해 애쓰며, 적합한 순간에는 다시 들어오기 위해 주의를 기울인다. 아무것도 하지 않는 이들은 단지 숨어 있을 뿐이다.

리더십은 행동하겠다는 선택이다.

앞에 나서도 뒤로 물러서도 괜찮다. 하지만 아무것도 하지 않는 것은 금물이다.

# 참여와 주도는
# 다르다

Participating Isn't Leading

전 세계 인구의 약 64퍼센트가 SNS를 활용하고 있다. 인터넷 사용자 중 약 93퍼센트 이상이 한 가지 이상의 SNS를 이용한다는 통계도 있다. 많은 SNS 이용자들이 단지 그룹에 '가입'하는 것만으로 의미가 생긴다고 착각한다. 하지만 사실 가입 자체는 중요하지 않다.

지원서를 제출하고, 네트워크 리셉션에 참여하고, 바에서 사람들과 어울린다고 해서 부족을 이끌 수 없다. 그런 행동이 가치 있는 부족원이 되는 방법 또한 아니다.

참여하는 것만으로는 부족하다. 페이스북에서 열 명, 스무 명, 혹은 수천 명의 사람들과 친구를 맺는 게 자존감을 높여 주는 데 좋을지는 몰라도, 절대 성공의 척도는 될 수 없다. 부족을 움직이는 힘은 겉으로 드러나는 참여 행위가 아니라, 실질적인 기여와 연결을 만들어 내는 행동에서 비롯된다.

# 두 사례                                  Case Studies

크로스핏은 약간(아니, 사실은 정말로) 운동에 미쳐 있는 열광자들로 이루어진 부족이다. 이들은 언제든 다음과 같은 루틴을 수행할 사람들이다.

핸드스탠드 푸시업 15회, 풀업 1회, 핸드스탠드 푸시업 13회, 풀업 3회, 핸드스탠드 푸시업 11회, 풀업 5회, 핸드스탠드 푸시업 9회, 풀업 7회, 핸드스탠드 푸시업 7회, 풀업 9회, 핸드스탠드 푸시업 5회, 풀업 11회, 핸드스탠드 푸시업 3회, 풀업 13회, 핸드스탠드 푸시업 1회, 풀업 15회.

이들은 전 세계 수천 명의 사람들과 기록을 두고 경쟁한다. 언젠가 CrossFit.com이라는 웹사이트에서 400명도 넘는 사람들이 이 특정 루틴을 끝내는 데 걸린 시간을 공유하는 것을 본 적이 있다.

크로스핏 트레이너 자격증 과정은 보통 몇 주나 몇 달 전에 빠르게 마감된다. 그렇게 자격증을 딴 트레이너들이 전 세계적으로 체육관을 열고, 크로스핏 부족에 합류할 새 멤버를 구한다. 이 부족들은 모두 중앙 웹사이트인 CrossFit.

com에 집결한다.

작게 시작한 크로스핏 부족은 빠르게 성장했다. 크로스핏 전 대표였던 코치 그레그 글레스먼Greg Glassman은 조직의 많은 부분을 정립했다(하지만 조직을 세운 뛰어난 업적은 여성 혐오적 행동으로 인해 그가 사임하면서 무색해졌다. 이 부분을 업데이트하면서 때로는 얼간이와 리더가 겹치기도 한다는 생각이 든다).

그레그는 부족을 이끄는 방법을 본능적으로 아는 사람이었다. 그는 매일 부족원들이 자신의 최대치에 도달하도록 밀어붙였다. 또한 부족원들이 소식과 아이디어, 동지애를 공유하고 싶어 한다는 것을 인식했으며, 그것이 가능한 환경을 마련했다. 부족원들 역시 주체적으로 목소리를 높이고, 새 멤버를 영입해 강도 높은 운동을 하게끔 밀어붙였기 때문에 더욱 성장할 수 있었다.

이번에는 《뉴욕 타임스The New York Times》에서 발견한 웹사이트인 patientslikeme.com을 살펴보자.

이 부족은 겉으로는 리더가 없어 보인다. 자신의 병과 건강 상태를 공유하는 수많은 사람들만 사이트에 존재한다. 하지만 이들은 복용량부터 부작용까지 자세한 내용을 공유하며, 파킨슨병을 비롯한 여러 질병들의 치료와 관련된 실질적인 데이터베이스를 구축하고 있다. 그리고 그 과정에서

서로에게 응원과 위안을 건네며, 어떤 공식 리더보다도 강력한 연대와 치유의 장을 만들어 낸다.

이곳에는 부족원을 부추기는 그레그 글레스먼<sup>Greg Glass-man</sup>이나 오프라 윈프리<sup>Oprah Winfrey</sup>는 없다. 오직 서로를 응원할 뿐이다. 자신이 겪는 고통을 그 누구보다 잘 이해할 수 있는 사람들이기 때문이다.

하지만 patientslikeme.com의 설립자들도 분명히 리더이다. 그들은 간절히 소통하고 싶은 부족을 찾아내 그렇게 할 수 있는 도구를 제공했다. 그 결과, 부족은 더욱 단단해졌다. 이 또한 리더십이다.

앞장서는 리더십이든, 뒤로 물러나 돕는 리더십이든 두 가지 리더십의 공통점은 그냥 손 놓고 있지 않고, 무언가를 했다는 점이다.

# 레스토랑
# 블로그

Three Hungry Men and a Tribe

시간이 되면 홈페이지 msg150.com을 한번 방문해 보라. 이 블로그는 시애틀의 16블록 광장 내의 모든 레스토랑(대부분 아시안 식당)을 집요할 만큼 꼼꼼하게 기록했다. 젓가락 길이부터 포춘쿠키 문구 같은 자세한 내용까지 더해 각 레스토랑을 소개하고 있어, 마치 흥미로운 문화 기록물처럼 느껴진다.

아래는 블로그에 실린 글이다.

"이 식당에 정말 오고 싶었다. 아마존^Amazon에 다니는 친구가 극찬한 곳이기 때문이다. 장소가 협소해 우리는 마약 중독자들과 함께 근처 푸드코트에서 음식을 먹어야 했다. 늘 그렇듯 나는 식당의 대표 요리를 주문했다. 이 식당의 1번 메뉴는 돈가스였는데 '돼지고기 조각'이라는 설명을 보고는 양에 차지 않을 것 같아 고기를 추가 주문했다. (…) 이 라면은 마치 버터로 조리한 기름진 돼지고기에 식감을 더하려 국수를 넣은 듯한 느낌이다. 이런 메뉴를 내놓은 그들의 용기가 대단하다. 담배도 한 갑 같이 내줘야 하는 게 아닐까? 건강은 안중에 없는 것 같으니 말이다. 국물은 맛있지만 돼지고기의 기름기가 너무 많다. 하지만 돼지고기 자체는 환상적이고 맛있으며, 아주 부드럽게 잘 조리됐다."

당신은 어떻게 느낄지 모르겠지만, 나는 여기에 함께하고 싶다. 블로그에 소개된 모든 레스토랑에 가 보고 싶고, 음식 평을 직접 쓰고 싶다. 만약 이 부족에 들어가 함께하자고 하면 당연히 수락할 것이다.

물론 어떤 이들은 코웃음을 치며 그냥 넘어갈 수도 있다. 왜 저렇게 레스토랑 소개에 집착하는지 궁금해하면서 말이다. 하지만 내부자와 외부자는 언제나 존재하기 마련이며, 바로 이 구분이 부족을 형성하는 중요한 요소가 된다.

# 호기심 Curiosity

원리주의자들은 어떤 것을 시도하기 전에 자신의 종교에 맞는지 먼저 생각하는 사람이다. 반대로 호기심 많은 이들은 우선 시도해 본 후 그 영향을 받아들일지 말지 고민한다.

즉 호기심 많은 이들은 자신의 신념과 새로운 것 간의 갈등을 받아들이고 가늠한 뒤, 새 아이디어를 수용할지 거부할지 선택한다.

핵심은 호기심에 있다. 호기심은 소득과 교육, 기존의 종교와는 아무 관계가 없다. 이해하고, 시도하고, 흥미로운 무언가를 해 보고 싶은 욕망과 관련이 있다. 리더들은 자신의 그룹이 다음에 어떤 일을 이룰지 빨리 알고 싶어 한다. 그들에게 부족의 변화는 흥미진진한 일이며, 그러한 호기심은 원동력으로 작용한다.

호기심 많은 사람들은 중요하다. 그 수가 많아서가 아니라, 그들이 아무 생각 없는 이들에게 말을 건네고, 꽉 막혀 있는 대중들을 이끄는 사람이기 때문이다. 호기심 많은 이들은 가만히 있는 게 제일 안전하다고 자기 최면을 거는 대중들을 참을 수 없다.

사실 우리는 호기심을 지닌다는 것이 얼마나 어려운 일인지 잘 깨닫지 못한다. 7년, 10년, 아니 15년 동안 학교에 다니며 우리는 끊임없이 호기심을 억눌러야 했다. 호기심을 드러내는 학생들은 지적당하고 벌을 받았다.

그러니 어느 날 갑자기 마법의 주문처럼 "얍" 하면 바로 호기심 많은 사람으로 바뀔 수 있는 것은 아니다. 5년, 10년, 혹은 15년 정도의 시간을 두고 자신의 목소리를 찾기 위해 노력한다면, 가장 안전하다고 생각한 행동이 사실은 위험한 것이라는 사실을 깨달을 것이다.

일단 한번 깨닫고 나면 조용하지만 꾸준한 호기심의 목소리는 영원히 사라지지 않는다. 그리고 그런 호기심이야말로 평범함과 진정한 위대함을 구별해 줄 것이다.

원리주의는 사실 특정 종교의 문제가 아니라 관점에 달려 있다. 당신이 어떤 종교를 믿든, 그것과는 별개로 생겨나는 태도인 것이다.

# 과반수는
# 필요 없다

The Plurality Myth

선거에서 이기려면 과반수를 얻어야 한다. 이상적으로는 인구의 절반 이상이 당신을 지지해야 하지만, 일단 절반이 넘는 유권자의 지지를 얻으면 승리한다.

부족을 이끄는 데는 이러한 과반수 법칙이 작용하지 않는다. 당신이 해야 할 일은 단 하나, 당신을 따르기로 선택한 이들에게 동기를 불어넣으면 된다. 나머지 사람들은 당신을 무시하든, 동의하지 않든, 자기 길을 가든 모두 자유다. 리더십은 다수를 설득하는 일이 아니라, 기꺼이 따라오는 소수를 움직이는 일이다.

모든 미국인이 스타벅스에서 커피를 마시는 건 아니다. 뉴욕의 뜨개질 동호회에 매력을 느끼는 것도 소수의 사람들이다. 그래도 괜찮다. 최다 득표수나 과반수를 얻지 못해도 상관없다. 모두를 이끌려고 하면 아무도 이끌지 못하는 결과가 나오기 쉽다.

이는 흥미로운 생각으로 이어진다. 바로 어떤 부족을 이끌지 당신이 선택할 수 있다는 것이다.

리더의 자세로 이끌며 당신은 추종자가 되길 원하는 부족을 모을 수 있다. 그들은 당신이 전달하는 메시지에 부합하는 세계관을 지닌 사람들이다.

만약 당신이 지구 온난화에 대항해 세계를 구하는 부족을 이끈다면, 그 부족은 당연히 지구 온난화가 심각한 문제이며, 반드시 행동으로 해결해야 한다는 세계관을 공유할 것이다. 그리고 바로 그 신념으로 부족에 합류해 당신의 리더십에 공감한다.

반면 당신과 매우 다른 생각을 지닌 그룹을 설득하려 한다면, 그들은 거부할 것이다. 앨 고어는 정확한 대상을 모른 채 부족을 이끌었지만, 메시지를 전하자 그를 따르는 추종자들이 생겨났다.

근본적으로 사람들은 자신이 원하는 방향으로 가장 쉽게 인도된다. 이 사실이 당신의 독창성이나 영향력에 한계를 두는 것처럼 보이더라도, 현실이 그렇다. 《폭스 뉴스Fox News》는 수백만 명의 사람들에게 보수주의자가 되라고 설득하지 않았다. 그저 부족을 모아 이미 그들이 가던 방향으로 이끌었을 뿐이다.

# 교사
# 실험

비슷한 업무 능력을 가진 교사가 담당하는 두 교실을 상상해 보자. 한 교실에는 열다섯 명이, 다른 교실에는 서른두 명의 학생이 있다. 둘 중 어떤 그룹이 더 좋은 교육을 받을 수 있을까?

다른 모든 조건이 같다면, 학생 수가 적은 그룹이 더 좋은 교육을 받을 것이다. 교사는 여유 있게 각 학생에게 맞는 수업을 제공할 수 있다. 학생이 적은 만큼 방해 요소도 줄어든다.

이제 실험의 조건을 완전히 바꿔 보자. 만약 열다섯 명의 학생은 졸업을 위해 할 수 없이 수업을 듣고 있고, 서른두 명의 학생은 지원서를 내고 선발되어 기쁘게 학교에 다니는 상태라면 어떨까?

두 집단의 태도와 참여도는 비교 자체가 불가능할 것이다.

부족의 자발적인 성격은 점점 더 강해지고 있다. 사람들이 당신의 회사에서 일하거나 서비스를 이용하는 것 역시 자발적인 선택이다. 사람들은 자유롭게 자신이 듣고 싶은 음악과 영화를 선택한다.

그래서 위대한 리더들은 모두를 기쁘게 하려 노력하지 않는다. 부족의 규모를 좀 더 키우겠다고 자신의 메시지를 희석하거나 타협하지도 않는다. 그들은 열정적이고 몰입된 부족이 규모만 큰 그룹보다 훨씬 강력하다는 사실을 알고 있다.

# 대규모와
# 소규모

The Virtuous Cycle Versus the Exclusive Tribe

어떤 기업은 규모가 클수록 좋다. 비영리 기관이나 부족도 마찬가지다.

예를 들어 정당은 다수 의석을 확보해야 유리하다. 페이스북은 모두가 사용하기 때문에 제 기능을 발휘한다. 당신이 메신저 어플을 사용하는 이유는 주변 사람들도 모두 같은 어플을 사용하기 때문이다.

하지만 규모가 커지는 게 언제나 정답은 아니다.

어떤 부족은 규모가 작을수록 가치가 커지는 경우도 있다. 아무나 접근할 수 없도록 유지되는 독점성이 곧 부족의 힘이기 때문이다. 이러한 성격의 부족을 억지로 크게 키우려 하면 망가지기 쉽다. '이제 아무도 거기 안 가, 너무 흔해졌거든'이라는 반응이 나오는 순간, 부족의 매력이 순식간에 사라진다.

결국 중요한 것은 선택이다. 어떤 길을 갈지, 무엇을 지키고 무엇을 확장할지는 온전히 당신의 몫이다.

# 중요하지 않은
# 대부분의 사람

Most People Don't Matter So Much

대부분의 사람은 익숙한 제품을 계속 사용한다. 그래서 마케터들은 그들에게 주목하지 않는다.

대부분의 사람은 틀에 맞추려 노력한다. 그래서 다른 사람들 눈에 띄지 않는다.

대부분의 사람은 전에 가 본 식당에서 먹는 것을 좋아한다.

대부분의 사람은 이 책이 별로라고 생각할지도 모른다.

대부분의 사람은 세상이 지금 그대로 유지되면서 조금 더 평온해지길 바란다.

대부분의 사람은 겁이 많다.

대부분의 사람은 호기심이 적다.

그러나 당신은 대부분의 사람이 아니다.

당신은 대부분의 마케터가 타깃으로 삼는 평범한 고객도 아니고, 관리자는 더더욱 아니다.

리더는 대부분의 사람이 아니다. 그리고 훌륭한 부족원 역시 대부분의 사람이 아니다.

대부분의 사람을 따라가서는 성공적인 경력도, 강력한 사업도, 단단한 부족을 키울 수 없다. 대부분의 사람은 새로운 트렌드나 뛰어난 직원, 훌륭한 아이디어를 무시하고 쉽게 지나친다.

당신이 이런 '대부분의 사람'을 계속 신경 쓴다고 해도, 장담하건대 그들은 당신을 걱정하지 않는다. 아무리 열심히 소리쳐도 그들은 당신의 목소리를 듣지 못한다.

진정한 성공은 당신이 대부분의 사람과 다를 때, 그리고 대부분의 사람과 다른 이들에게 집중하고 호소할 때 따라온다.

## 하루를 망치는
## 현재 상태

당신의 하루는 어땠는가?

무언가를 바꾸기 위해 노력하는 대신 기존의 방식에 갇혀 있는가?

이단자들은 계획을 세운다. 그들은 현재 상태를 바꾸는 일이 큰 이익을 가져다줄 뿐 아니라, 그 과정 자체가 즐겁다는 사실을 알고 있다.

하지만 대부분의 사람은 이단자, 아웃사이더, 선동가가 되는 것을 두려워하며 '뭐 하려 굳이?'라고 생각한다.

# 그들은 이단자를
# 화형에 처한다

They Burn Heretics at the Stake

그들은 이단자를 화형에 처한다. 물에 빠뜨리고, 비난하고, 무시하고, 매달아 버린다. 사실 이 문장은 과거 시제를 사용했어야 한다. 이제 더 이상 이런 일이 일어나지 않기 때문이다. 오늘날 우리는 이단자들을 다보스포럼에 초청한다. 이단자들은 의회에 선출되기도 하고, 회사가 상장하면 엄청난 부를 쌓는다. 이단자들은 자기 일을 사랑할 뿐 아니라, 전용기를 타고 승승장구하며 세상을 바꾸는 최전선에 위치해 있다.

화형대의 이미지는 원초적인 공포를 자극하며 강렬한 인상을 남겼다. 하지만 이제는 구시대의 유물일 뿐이다. 마케팅은 이를 분명히 보여 주었다. 우리가 아침으로 콜라를 마시고, 고가의 핸드백에 돈을 쓰게 하는 그 힘은 기존의 상태를 바꾸는 방식으로 작동하고 있다.

오늘날 이단자는 너무나 많다. 더는 그들을 화형에 처할 수도, 묵살할 수도 없다. 그래서 우리는 이제 그들을 찬양한다. 변화를 일으키고 기존 질서를 흔드는 사람들이 새로운 시대의 주인공이 되었다.

# 잘못된
# 질문

The Wrong Question

자, 지금까지 많은 내용을 살펴봤다. 여러분 중 몇몇은 이렇게 잘못된 질문을 하고 싶어 안달이 났을 것이다.

"그걸 어떻게 해내야 할까요?" 혹은 더 최악으로, "그 일을 하겠다고 상사를 어떻게 설득하죠?"

혹은 정말 직설적으로, "어떻게 하면 위험 부담 없이 시스템 안에서 자연스럽게 승인을 얻을 수 있을까요?"

화형을 피해 가며 변화를 이끌 방법이 확실히 있긴 한 걸까?

물론 있으며, 당신도 이미 알고 있다. 그것은 바로 믿음이다.

변화를 위한 당신의 생각을 듣고, 인자하게 고개를 끄덕이며 "물론이지. 그렇게 해"라고 말할 사람은 아무도 없다.

아무도 당신을 리더로 임명하지 않는다.

아무도 당신의 프레젠테이션을 보고 바로 투자하지 않는다.

변화는 허락을 받아야 일어나는 것이 아니다. 먼저 변화한 후, 필요하다면 나중에 양해를 구하면 된다.

# 두 가지를
# 기억하자

All You Need to Know Is Two Things

하나, 그 어느 때보다 개인의 힘이 막강한 시대다. 한 사람이 산업 전체를 바꿀 수 있다. 한 사람이 전쟁을 선포할 수 있다. 한 사람이 과학이나 정치, 기술을 완전히 새롭게 창조할 수도 있다.

둘, 당신이 변화를 이끌지 못하게 막는 유일한 장벽은 '믿음의 부족'임을 기억하자. 할 수 있다는 믿음 말이다. 내 비전이 충분히 가치 있고, 설령 실패하더라도 무너지지 않는다는 믿음이 있어야 한다.

기존의 문화는 변화에 격렬히 저항했다. 오랫동안 우리에겐 현재 상태에 도전하지 못하게 막는 시스템과 조직, 기준이 있었다. 시스템을 마련하고, 이에 감히 도전하는 사람들은 이단자라고 불렀다. 그리고 사회는 문자 그대로든, 비유적으로든 이단자들을 불태워 기준을 따르게 했다.

하지만 세상이 달라졌다. 어느 곳에서든 이단자를 볼 수 있다. 이제는 이단자의 수가 너무 많아 불태우는 것이 별 효과가 없다. 그 결과 점점 더 많은 이들, 즉 좋은 사람, 비전이 있는 사람, 중요한 아이디어를 지닌 사람이 앞에 나서 변화를 주도하고 있다.

시스템과 마찬가지로 정치, 경제, 종교까지 모든 것의 균형이 깨졌다. 과정도 완전히 뒤바뀌었다. 규모는 더 이상 힘을 의미하지 않는다. 사실 규모가 클수록 불리해지는 면도 있다. 우리는 이러한 현상을 이라크 전쟁과 탄산음료 진열대 경쟁, 새로운 종교의 성장에서 수없이 목격해 왔다. 개인이나 작은 그룹도 언제든 기존 시스템을 뒤집을 수 있는 힘을 갖고 있다.

이제 우리는 이단자들을 리더라고 부른다.

그리고 이단자들은 여기저기서 승리하고 있다. 당신도 그 대열에 합류할 수 있다. 아니, 반드시 합류해야 한다.

# 풍선 공장과
# 유니콘

The Balloon Factory and the Unicorn

풍선 공장에 방문해 본 적이 있는가? 아마 대부분은 없을 것이다.

풍선 공장에서 일하는 사람들은 대체로 소심하고 겁이 많다. 이들은 풍선 공장에 흔히 있는 핀이나 바늘, 고슴도치 같은 뾰족한 것들을 극도로 조심하고, 갑작스러운 온도 변화에도 두려워한다.

하지만 조금 합리적으로 생각해 보면, 풍선 공장은 일하기에 그리 나쁜 곳은 아니다. 새해처럼 수요가 갑자기 몰리는 시기에는 다소 바빠지지만, 그 외에는 일도 안정적이고 분위기도 평화롭다.

하지만 유니콘이 나타나는 순간 상황은 완전히 달라진다.

풍선 공장 사람들은 유니콘을 조용히 시키고 나가라고 경고한다. 운이 좋으면 말이 통할 때도 있다. 하지만 때때로 유니콘은 이를 무시하고 공장을 돌아다닌다.

그러면 모두가 책임을 회피하려 달아난다.

유니콘은 이제 아주 쉽게 풍선 공장을 완전히 바꿀 수 있다. 왜냐하면 공장은 '고요함과 차분한 안정감'이라는 원칙만으로 운영되어 왔기 때문이다. 유니콘은 그 전제를 무너뜨린다.

풍선 공장은 우리의 현재 상태이고, 유니콘은 그 현재 상태를 바꾸는 리더다.

# 관대한
# 리더

오늘날의 자극적인 정치와 미디어 환경에서 우리는 이런 착각을 하기 쉽다. 리더가 되기 위해서는 자기애가 강하고, 자기를 빛내고, 세력을 넓히는 데 열중하는 슈퍼스타가 되어야 한다고 말이다.

하지만 실제로는 그 반대다.

베푸는 리더가 자기 이익을 좇는 리더보다 훨씬 생산적이다. 더 놀라운 점은 리더의 의도가 중요하다는 사실이다. 부족은 리더가 왜 그들의 관심을 얻으려 하는지 쉽게 알아차린다. 따라서 일등이 되려고 혈안인 태도는 도움이 되지 않는다.

어떤 CEO들은 다른 직원들과 똑같이 칸막이로 된 사무실에 앉아 일한다. 개인 전용기나 리무진을 사용하지 않는 유명한 종교 분야 리더도 있으며, 전 미국 대통령인 지미 카터Jimmy Carter는 고령에도 불구하고 가난한 이들을 위해 집을 지었다. 이러한 리더들은 금전적 보상이나 지위를 좇지 않는다. 그들은 부족이 번영하는 모습을 진정한 보상으로 여긴다.

　많은 이들이 부족의 리더가 될 수 있는 환경 속에서, 그 기회를 실제로 잡아 성공하는 이들에게는 흥미로운 공통점이 있다. 그들은 부족에게서 무언가를 얻기 위해 리더가 된 것이 아니다. 자신이 부족을 위해 무언가를 해 줄 수 있기 때문에 리더가 되었다. 진짜 리더십은 '획득'이 아니라, '기여'에서 시작된다.

# 빅맥과
## 전자레인지

Don't Forget the Big Mac and
the Microwave Oven

1967년, 피츠버그 외곽에 있던 맥도날드 가맹점주 짐 델리가티Jim Delligatti는 본사의 규칙을 깨고 새로운 햄버거인 빅맥Big Mac을 만들었다. 그로부터 1년 만에 빅맥은 전 세계 맥도날드 메뉴에 이름을 올렸다(인도에서는 고기가 들어가지 않은 버전도 출시됐다).

짐 델리가티는 프랜차이즈 관리에만 몰두하지 않았다. 대신 리더가 되기로 결심했다. 본사로부터 어떤 직함이나 공식적인 승인을 받지 않았음에도 짐은 회사 전체를 새로운 방향으로 이끌었다.

1946년, 방산업체 레이시온의 엔지니어 퍼시 스펜서Percy Spencer는 레이더 기술을 연구하다가 우연히 주머니 속 초콜릿 바가 녹아 있는 것을 발견했다. 그는 이 현상이 마이크로파 때문이라는 사실을 알아차렸고, 이어 팝콘으로 실험을 해 보았다. 이렇게 해서 전자레인지의 원리가 발견됐다. 이후 전자레인지는 전 세계 가정에서 사용하는 대표적인 주방 가전이 되었다. 이 두 이야기는 정말 드문 사례라는 점에서 놀라움을 선사한다. 포스트잇의 발명이나 출처가 불분명한 다른 이야기들이 계속 언급되는 이유는 그만큼 희소하기 때문이다. 이전에는 무언가를 해내고 싶다면 높은 자리에 있거나, 정말로 운이 좋아야 했다. 무엇보다도 투자금과 조직적인 지지 같은 지렛대가 필요했다. 빌 게이츠나 잭 웰치Jack Welch, 전 미국 대통령 린든 존슨Lyndon Johnson 같은 사람들은 자신의 아이디어를 구현하기에 훨씬 유리했다.

자, 지렛대의 시대에 온 걸 환영한다. 더 이상 밑바닥에서부터 시작할 필요가 없다. 이제 바닥은 존재하지 않기 때문이다. 개인의 자발적인 변화가 중요한 시대에서 피라미드의 꼭대기는 실제 현장과 동떨어져 오히려 변화를 이끌기 힘들다. 너무 오래 걸릴 뿐 아니라 파급력도 부족하다. 변화의 움직임이 실제 현장에서 일어나는 만큼, 꼭대기는 더 이상 가치가 없다.

모두가 사용할 수 있는 새로운 지렛대가 등장했다는 사실은 현재 상태가 어느 때보다 강하게 도전받고 있으며, 각 직원이 누구보다 먼저 규칙을 바꿀 책임을 지고 있다는 뜻이다.

규칙을 잘 지켜 피라미드의 꼭대기에 올라간 후 세상을 바꾸려고 하면 이미 늦다. 여기서 강조하는 혁신은 한 명의 이단자, 즉 비전을 가진 이가 지렛대의 힘을 이해하고 변화를 주도하는 리더십을 말한다.

물론 현재 상태를 유지하며 잘 운영되고 있는 몇몇 산업도 있다. 하지만 그 목록은 매일 짧아지고 있다. 당신이 전 세계에 기름을 선적하거나, 신용카드를 판매하거나, 혹은 마을 관리자로 일하길 원한다면 기존의 규칙을 따르면서 조금 더 오래 자리를 유지할 수 있을 것이다. 하지만 길게는 갈 수 없다. 이제 모든 공장이 압박을 받고 있다. 모든 풍선 공장은 유니콘을 두려워하는 동시에 간절히 원한다.

수천억 원 상당의 시리얼 공장을 보유한 켈로그$^{Kellogg}$는 잘 훈련된 영업 인력, 막강한 유통망, 그리고 대규모 광고 캠페인까지 갖춘 거대한 기업이다. 그렇다면 이런 켈로그를 두고 베어 네이키드$^{Bear\ Naked}$•는 어떻게 상당한 성공을 거둘 수 있었을까? 거대한 공장이나 대규모 영업 인력은 없었지만, 베어 네이키드는 아주 간단하고 전통적인 제품 하나로 많은 이들의 아침을 바꿨다.

베어 네이키드는 자산 포트폴리오를 관리하지도, 공장

• 2002년 브렌던 시넛(Brendan Synnott)과 켈리 플래틀리(Kelly Flatley)가 만든 회사로, 건강식 그래놀라 제품을 선보여 인기를 끌었다.

을 보호하지도 않았다. 사실 보호할 공장도 없었다. 대신 그
들은 트렌드와 변화, 지렛대를 활용한 다른 길을 개척했다.

아이러니하지만 변화가 두려워 주저하던 업계의 성장
과 성공은 기존의 규칙을 깨고, 새로운 규칙을 얼마나 자유
롭게 조직에 적용하느냐에 달렸다.

크리스 샤르마$^{\text{Chris Sharma}}$는 암벽을 등반하는 이단자다.

그는 암벽등반의 규칙을 바꾸며, 그 과정에서 성취에 관한 수많은 이들의 관점에 영향을 주었다.

수백 년 동안 암벽 등반가들은 아주 단순한 규칙을 따랐다. 한 손과 한 발을 암벽에 붙인 채 등반하는 것이다. 네 팔다리 중 두 개를 고정하면, 떨어질 위험 없이 스파이더맨 흉내를 꽤 잘 낼 수 있다. 위험 부담을 최소화하며 계속해서 위로 올라가는 방식이다.

그런데 크리스는 암벽에 고정하는 대신 점프하는 방식을 택했다.

'다이노$^{\text{Dyno}}$'라고 불리는 기술이다. 크리스가 다이노 방식을 처음 만든 것은 아니지만, 누구보다도 이 기술을 발전시켰다. 그는 다이노 방식을 활용하여 이전에는 불가능해 보였던 코스를 등반하는 데 성공했다. 막다른 길에 봉착하면 위를 올려다보고 점프했다. 다리와 팔을 떼고 공중으로 뛰어올라, 두 손가락으로 작은 바윗덩어리를 잡은 뒤 등반을 계속했다.

한동안 이를 두고 꽤 논란이 일었다. 사람들은 옳지 않고, 위험한 방식이라고 생각했다. 그런데 조금씩 동의하는 사람들이 모여들었다. 그들은 다이노 기술이 기존에 해결하지 못한 암벽등반 문제를 해결하는 놀라우면서도 합리적인 해결책임을 깨달았다. 다이노를 사용하면 불가능했던 코스도 올라갈 수 있었다.

전형적인 이단자의 모습인 크리스의 사례가 잘 와닿지 않을 수 있다. 그는 홀로 자기 길을 가고, 지중해 위 12미터 높이에서 뛰어내리는 말도 안 되는 행동을 한다(가끔 바다에 떨어지기도 하면서 말이다). 그래서 크리스를 보며 '나는 절대 못 해'라는 생각이 드는 것이 너무나 자연스럽다. 대부분의 사람들은 그렇게 난도 높은 암벽등반을 할 수 없다.

내가 하고 싶은 말은 손가락으로 암벽을 지탱하는 위험을 감수하라는 게 아니다. 핵심은 암벽을 등반하든, 서비스를 제공하든, 집요한 비전을 지닌 한 명이 만들 수 있는 변화가 생각보다 훨씬 크다는 사실이다.

다음 사례를 보면 좀 더 쉽게 이해가 갈 것이다. 전 미국 암벽등반 챔피언인 오비 캐리온Obe Carrion은 색다른 방식으로 우승을 거머쥐었다. 오비는 네 명의 결승 진출자 중 한 명이었고, 그들은 가파른 벽을 따라 상당히 어려운 코스를 등반해야 했다. 오비를 제외한 진출자들은 같은 방식을 선택했다. 그들은 통제 구역에서 코스를 살펴본 후, 천천히 등반을 시작했다. 양손을 번갈아 바꿔 가며 정상까지 올라갔다. 두 선수는 한두 번 미끄러진 끝에 성공했고, 한 선수는 실패했다.

마지막 선수는 오비였다. 그는 대기 구역에서 나와 코스를 살펴보더니 20걸음 뒤로 물러섰다. 그러고는 암벽을 향해 달려가 그대로 뛰어올랐다. 주저하거나, 전략을 수정하거나, 위험을 회피하지 않았다. 그저 과감히 저질렀다.

결과적으로 오비의 방식은 암벽을 오르는 가장 쉬운 방법이었다. 적극적으로 문제에 뛰어들면 때때로 문제는 스스로 사라지기도 한다.

# 안주하는
# 이들

Who Settles?

안주하는 것은 지루하다. 이는 나쁜 습관이자 당신을 평범하게 만드는 가장 빠른 지름길이다. 관리자들은 종종 안주한다. 처리할 일이 너무 많아서 선택의 여지가 없다고 느끼기 때문이다.

반면, 이단자들은 안주하지 않는다. 그들은 안주하는 데 익숙하지 않다. 이단자와 반대로 그 자리에 머물며 안정을 유지하기 위해 타협하고, 매일 관료주의를 감내하는 관리자들은 안주하는 이들이다. 달리 뭘 할 수 있겠는가?

리더십의 핵심은 당신이 타협할 수 없는 것이 무엇인지 깨닫는 것이다. 그 지점을 분명히 할 때, 리더는 흔들리지 않는다.

# 두려움, 신뢰,
# 그리고 종교

Fear, Faith, and Religion

도전하고 기존 시스템을 바꾸는 과정은 험난하다. 신뢰하는 사람들, 고용주, 공동체의 반대를 극복해야 하기 때문이다. 그 모든 부담 속에서 '그래, 잘 포기했어'라는 풍선 공장 사람들의 인사를 받는 편이 실패의 굴욕을 감수하는 것보다 훨씬 쉬워 보인다.

그런데도 사람들은 왜 그 힘든 일을 나서서 하는 걸까?

신뢰는 잘 언급되지 않는 리더십의 요건으로 상당히 저평가된 반면, 역설적으로 종교는 매우 과대평가돼 있다.

신뢰의 역사는 매우 오래됐다. 신뢰는 희망을 이끌고 두려움을 이길 수 있는 용기를 주었다. 과학이 발견되기 이전의 세계에서 우리 조상들이 버틸 힘을 준 것도 바로 신뢰다. 신뢰는 인간을 다른 종들과 구별짓는 요소이기도 하다. 우리는 내일도 해가 떠오른다는 신뢰, 뉴턴의 법칙에 따라 공이 움직일 거라는 신뢰, 세상에 의사는 계속 필요할 것이므로 힘들게 공부한 시간이 20년 후에 보상받을 것이라는 신뢰가 있다.

크리스 샤르마는 반드시 해낸다는 굳은 자기 신뢰로 30미터 높이에서 다이노 기술을 시도할 수 있었다. 다이노를 배우는 아이들을 관찰하다 보면, 기술을 향상하는 비결이 근육을 키우거나 색다른 기법을 익히는 데 있지 않음을 깨닫게 된다. 그저 자신이 다이노를 성공시킬 수 있다는 자기 신뢰가 중요하다. 물론 '그저' 그것을 갖는 것이 쉬운 일은 아니다. 할 수 있다는 작은 믿음에서 변화가 시작된다. 자기 신뢰가 없다면 당신은 절대 뛰어넘을 수 없다.

신뢰는 모든 혁신에 결정적인 요소다. 신뢰 없이 리더가 되거나, 이단자처럼 행동하는 것은 마치 자살골을 넣는 것과 같다.

반면 종교는 인간들이 신뢰 위에 덮어씌운 엄격한 규칙의 집합이다. 종교는 현재 상태를 지지하고, 우리가 이에 대항하는 대신 순응하길 바란다.

삶에는 조로아스터교나 유대교 같은 진짜 종교 말고도 수많은 종교가 존재한다. 예를 들어 1960년대 IBM에는 직장 내 프로토콜, 복장 규정, 구식 프로젝터를 사용하는 아이디어 제시 방식 등 하나의 종교처럼 굳어진 규칙들이 있었다. 또한 브로드웨이라는 세계에도 뮤지컬이 특정한 모습과 분위기여야 한다고 정해 놓는다. 이러한 규칙들은 표준 커

리큘럼이 무엇이고, 성공적인 직업과 그렇지 않은 직업이
무엇인지를 결정한다.

# 종교의
# 선과 악

Religion Works Great When It Amplifies Faith

믿음을 강화해 줄 때 종교는 제 역할을 한다. 그래서 정신적 종교와 문화적 종교, 기업의 종교처럼 다양한 형태의 '종교' 가 존재한다. 종교는 필요할 때 우리의 믿음을 가볍게 지지 해 주고, 다른 사람에게 믿음을 받아들이게끔 권유할 때 유 용하다.

특히 만트라<sup>Mantra</sup>•는 종교의 가장 좋은 면을 보여 준다. 나의 믿음이 괜찮고, 굳은 믿음을 가져야 내가 가고자 하는 방향에 이를 수 있음을 지속적으로 차분히 상기시켜 주기 때문이다.

하지만 때때로 종교는 그 반대의 역할을 한다. 최악의 종교는 우리의 믿음을 침해하면서 현재 상태를 강화한다. 호주의 울워스<sup>Woolworth</sup> 슈퍼마켓에도 하나의 '종교'가 있었 다. 그들은 기존의 성공 원칙을 변화 없이 그대로 고수했고,

• '마음(man)'과 '도구(tra)'의 합성어로, 마음을 고민과 한계에서 해방시키고 긍정 적인 변화를 유도하는 주문이나 진언을 뜻한다.

더 새롭고 더 나은 기회를 잡을 수 있는 순간들을 계속해서 놓쳤다. 그로 인한 결과는 분명하다. 한때 전 세계를 휩쓸었던 곳은 이제 존재하지 않는다.

동네의 회원제 사교 클럽에도 '종교'가 존재한다. 이들의 보수적인 신념과 규칙은 너무 완고해 쉽게 바꾸기 힘들다. 전문직 여성들은 클럽에 가입하지 않을 것이고, 이러한 상황이 계속된다면, 클럽은 결국 도태되어 사라질 수밖에 없다.

# 새로운 종교

Challenge Religion and People Wonder if
You're Challenging Their Faith

종교에 관해 신중한 대화를 하기 힘든 이유는 사람들이 두려움을 느끼기 때문이다. 사람들은 특정한 종교 관행의 의식이나 비이성적인 면이 아닌, 자신의 믿음을 비판한다고 생각한다.

우리가 보아 왔듯 믿음은 조직을 하나로 묶어 주는 토대이며, 인류가 살아 온 방식의 근간이다. 믿음 없이 우리는 살아갈 수 없다. 그러나 종교는 믿음과는 전혀 다르다. 종교는 인간들이 만들어 낸 일련의 프로토콜과 규칙일 뿐이며, 종종 규칙은 변화보다 현재 상태를 유지하는 데 더 큰 의미를 둔다. 이단자들은 강력한 믿음을 바탕으로 기존의 종교에 도전한다. 그리고 바로 이 도전이 새로운 길을 열어 준다.

물론 종교와 믿음은 함께 움직일 때가 많다. 당신은 회사 유니폼을 입고 종교의 만트라를 읊조리며 자신의 믿음을 상기할 수 있다. 교회에 나가고, 회사의 야유회에 참여하고, 종교가 수행하는 의식을 따르며 공동체의 지지를 얻을 수도 있다. 종교가 없으면 믿음도 약해지기 쉽다. 종교가 그렇게 오랫동안 존재해 온 데에는 이유가 있다. 종교는 믿음을 강화해 주고, 믿음은 종교를 살아 있게 한다.

그래서 성공한 이단자들은 자기만의 종교를 만든다. 미국의 비즈니스 잡지인 《패스트 컴퍼니Fast Company》는 새로운 종교가 어떻게 탄생하는지 보여 준 대표적인 사례다. 그들은 새로운 아군들과 지지자, 의식을 한데 모아 강력한 공동체를 만들었다. 이러한 현상은 아이데오IDEO●처럼 이단자적인 행동을 수용한 회사, 리더들의 아지트로 유명한 벅스 레스토랑Buck's of Woodside●●, TED 같은 장소에서도 똑같이 일어난다. 종교의 존재 이유는 딱 하나다. 바로 우리의 믿음을 강화하기 위해서다.

당신도 할 수 있다. 당신의 아이디어를 군건히 믿고 지지할 부족을 찾고, 그 믿음을 중심으로 새로운 종교를 만들어라. 애플의 스티브 잡스와 나이키의 필 나이트Phil Knight가 그랬던 것처럼 말이다.

●　　세계적인 디자인 컨설팅 기업으로, 디자인 싱킹의 선두 주자.
●●　실리콘밸리의 기업가들이 자주 찾는 것으로 유명한 전설적인 식당.

# 믿음은 그대로,
# 종교는 새롭게

Switching Religions Without Giving Up Faith

여론 조사 기관 퓨 리서치 센터<sup>Pew Research Center</sup>의 조사에 따르면, 미국인의 3분의 1은 유년 시절 지녔던 종교를 떠났다. 이 조사에서는 다소 오해를 불러일으킬 수 있는 표현으로 '믿음'이란 단어를 사용했는데, 사실 믿음을 완전히 잃은 이들은 드물다. 그들은 믿음을 강화하기 위해 사용하는 시스템을 바꿨을 뿐이다.

현재의 시스템에 깊이 빠져 있다면, 성장은 불가능하다. 변화는 늘 기존 구조의 밖에서 시작된다.

# 믿음은
# 행동이다

종교가 따라야 할 규칙들로 이루어졌다면, 믿음은 당신이 취하는 행동으로 드러난다.

당신이 대가 없이 이끌고, 보상 없이 기꺼이 희생하며, 믿기 때문에 위험을 감수할 때, 당신은 부족과 그 사명에 대한 깊은 믿음을 행동으로 보여 주는 것이다.

물론 쉽지 않은 일이다. 하지만 리더들은 그만한 가치가 있다는 사실을 누구보다 잘 알고 있다.

# 종교에
# 반대하는 사람

A Word for It

종교와 믿음은 혼동될 때가 많다. 믿음에 반대하는 이들은 무신론자로 불리며 엄청난 비난을 받지만, 특정 종교에 반대하는 사람을 부르는 명칭은 딱히 없다.

그나마 '이단자'라는 표현이 적합한 단어일 것이다.

믿음이 신념 체계의 내적 기반이라면, 종교는 그 위에 씌워진 외적 모습이다. 오랫동안 굳어진 기업 문화와 시스템의 관행에 빠지기는 매우 쉽다. 하지만 이는 애초에 시스템을 만들었던 본래의 믿음과는 아무 관련이 없다.

변화를 만드는 것은 결국 사람들, 그중에서도 이단자라고 불리기를 자랑스러워하는 리더들이다. 그들은 자신의 믿음이 확고하기 때문에 기존의 관행을 흔들고, 새로운 길을 여는 데 주저하지 않는다.

트리엔트 공의회<sup>Council of Trent</sup>•는 이단자에 대해 이렇게

---

• 1545년부터 1563까지 이탈리아의 트리엔트에서 열린 회의로 종교 개혁에 맞서 가톨릭 교리를 강화하고 질서를 재정립했다.

148

표현했다. "마지막으로, 모든 신자는 규정에 어긋나거나 금지 사항에 해당하는 어떤 책도 읽거나 소유해선 안 된다. 이단자의 책, 혹은 이단과 거짓 교리를 전파해 비난받거나 금지된 저자의 글을 읽고 소지한 사람은 즉시 파문당할 것이다."

이런, 조심하자. 여러분도 빨리 이 책을 없애야겠다.

# 아주 별난
# 언더독의 투지

Over-the-Top Underdog Bravery

지난 10여 년 동안 나는 가방에 동전 하나를 지니고 다녔다. 내가 설립했던 요요다인 Yoyodyne의 팀원들에게 나눠 준 70개의 동전 중 하나이다. 동전에는 우리 그룹과 '아주 별난 언더독*의 투지'를 기념하는 작은 태그가 붙어 있다.

리더는 항상 언더독처럼 생각하고 행동해야 한다. 변화를 위해 행동해야 하지만 이미 승리를 거머쥔 이들은 변화를 꺼리기 때문이다.

우리가 해 온 일(그리고 하려는 일)은 용기 있는 행동이다. 관리하고, 생계를 유지하기 위해 규칙을 따르는 일은 그렇지 않다. 물론 힘든 일이지만 안전한 선택이다. 새로운 것에 도전하고, 아직 존재하지 않는 미래를 창조하며, 사람들의 비난까지 감수하면서 변화를 이끄는 일은 진짜 용기가 없다면 결코 해낼 수 없다.

또한 아주 별나야 한다. 보통의 사고와 노력으로는 절

---

•     경쟁이나 싸움, 경기에서 이길 가능성이 낮아 보이는 약자를 뜻한다.

대 리더십을 구축할 수 없다. 인간은 본능적으로 적당한 수준에서 멈추려는 성향을 갖고 있기 때문이다. 사람들의 진정한 참여를 이끌기 위해서는 특별한 투지, 거부할 수 없는 호소력, 그리고 싸울 가치가 있는 대의가 필요하다.

보통을 뛰어넘지 않는다면, 그 어떤 일도 이루지 못할 것이다.

# 가장
## 쉬운 일

The Easiest Thing

가장 쉬운 일은 그저 반응하는 일이다.

그다음으로 쉬운 일은 상황에 맞춰 응답하는 것이다.

하지만 무언가를 주도적으로 시작하는 일은 가장 어렵고, 그래서 가장 가치 있다.

자기계발 작가 지그 지글러<sup>Zig Ziglar</sup>는 잘못된 종류의 약을 먹었을 때 우리 몸에서 일어나는 현상을 '반응'이라고 표현했다. 반응은 정치가들이 항상 하는 방식이기도 하다. 직관적이고 본능적이며 대체로 위험하다. 관리자들은 대부분 이런 '반응'에 머문다.

그보다 좀 더 나은 대안이 '응답'이다. 응답은 외부 자극에 대해 신중한 행동으로 대응하는 것이다. 조직은 경쟁적인 위협 환경에 응답하고, 개인은 동료의 요청이나 주어진 기회에 응답한다. 응답은 반응보다 항상 낫다.

그러나 두 가지 모두 시작하는 것에 비하면 아무것도 아니다. 주도적으로 시작하는 행동은 가장 어려운 도전이지만, 바로 그 일을 해내는 사람이 리더다. 그들은 다른 사람들이 간과하는 것에 뛰어들고, 사람들이 반응해야 하는 사건을 만들어 낸다. 리더는 변화를 일으킨다.

# 따르는
# 용기

리더십이 미덕이라는 통념이 깊게 뿌리박혀 있는 사회에서 사람들은 쉽게 "내가 나설게"라고 말하곤 한다.

하지만 때로는 따르는 편이 더 옳을 때도 있다. 어디로 가야 할지 방향이 보이지 않을 때, 의지나 열정이 충분하지 않을 때, 무엇보다 두려움을 극복하지 못할 때는 억지로 앞에 서는 것보다 잠시 멈추는 편이 낫다.

지금은 내가 이끌 때가 아님을 인정하는 데에도 용기가 필요하다. 그러니 그런 순간에는 한발 물러서서, 기꺼이 따르는 선택을 하자. 그러한 선택 또한 리더가 성장하는 과정의 일부다.

# 내게 벌어진 일과
# 내가 할 일

The Difference Between Things
That Happen to You and Things You Do

과거의 모델에서는 직장에서 벌어지는 일들을 수동적으로 받아들여야 했다. 공장이 문을 열고, 사람들은 채용된다. 상사는 지침을 내리고, 당신은 전근을 간다. 구조 조정을 당하기도 하고, 승진하기도 한다. 그러다 공장은 문을 닫는다.

반면 리더들은 일어나는 일들을 가만히 받아들이지 않는다. 그들은 직접 행동한다.

서브 프라임 모기지 사태●가 일어났을 때, 수천 명의 부동산 업자들과 연례 회의에서 시간을 보낸 적이 있다. 그곳에서 상당히 놀라운 점을 발견했는데, 부동산 업자들이 정확히 두 부류로 나뉜 것이다.

일부 중개업자들은 미디어와 베어스턴스<sup>Bear Stearns</sup>를 비롯한 은행들과 대중이 힘들게 쌓아 온 경력을 무너뜨리고 있다고 생각했다. 그들은 장기간 이어졌던 집값 상승이 끝난 것에 분노했으며, 앞으로의 미래를 두려워했다. 그리고

●    서브프라임 대출의 불량채권화에 의해 촉발되어 일어난 세계 금융 위기.

이 상황에 어떻게 대처해야 할지 난감해했다. 계속해서 좋은 커리어를 쌓고 싶지만 변화하는 상황 때문에 불가능하다고 여겼다.

반면 다른 부류의 중개업자들은 상당히 흥분한 상태였다. 그들은 일할 의욕이 넘쳤다. 그리고 이러한 외부 환경의 변화를 기회로 보았다. 엄청난 비즈니스의 기회로 말이다. 그들은 현재의 문제가 영원히 계속된다고 생각하지 않았으며, 오히려 기회주의자들을 없애고 진정한 부동산 전문가만 남을 것이라고 여겼다. 실제로 20퍼센트 가까운 중개업자들이 업계를 떠날 준비를 하고 있었다. 남겠다고 결심한 이들, 즉 리더들은 이러한 변화가 오히려 기회가 될 수 있음을 읽어 냈다. 전쟁이 장군을 만든다는 사실을 깨달은 군인들처럼, 그들은 변화를 기회로 삼아 판을 뒤집을 준비가 되어 있었다. 의지는 분명했고, 각오도 충만했다.

# 과거의
# 잔재

당신은 보잉<sup>Boeing</sup>이나 몬산토 <sup>Monsanto</sup> 같은 대기업에 다니거나, 직원이 몇 명뿐인 작은 조직에서 일하고 있을 수도 있다.

어느 쪽이든, 잠시 과거의 운영 방식이 어땠는지 떠올려 보자.

예전에는 임원들이 개인 비서를 두는 것이 일반적이었다. 상사에게 메모를 전달하면 응답이 오기까지 한 주나 한 달을 기다려야 했다. 또한 동료와는 새로운 아이디어를 공유하지 않았다. 정보는 대부분 위에서 아래로, 때로는 아래에서 위로 갔다가 다시 아래로 이동했지만 결코 옆으로는 이동하지 않았다.

작가 아트 클라이너<sup>Art Kleiner</sup>의 자세한 조사가 담긴 유명한 저서 『이단자들의 시대<sup>The Age of Heretics</sup>』는 강등되고, 잘리고, 모욕당하고, 불행해진 기업의 이단자들을 하나씩 소개한다. 여기 나오는 기업들은 마치 이오시프 스탈린<sup>Iosif Stalin</sup>이 이끌었을 법한 강제 정책의 모습을 띤다. 불변의 5개년 계획과 엄격히 통제되는 소통 수단, 군주 중심의 왕정 체제 같은 구조까지 말이다. 이렇게 과거의 조직에서는 관리가 핵심이었다. 리더의 역할은 필요 없었으며, 이단자들은 아무 쓸모가 없었다.

어릴 적 나는 아버지의 사무실에 자주 방문하곤 했다. 당시 남자 화장실 옆에 "공장 노동자 사용 금지"라고 붙어 있던 팻말이 아직도 기억난다. 노련하고 똑똑한 선반 설치 작업자들은 사무실 옆의 화장실을 쓸 수 없었으며, 자기 아이디어를 상사와 공유할 기회도 얻기 힘들었다.

과거 기업의 시스템은 이토록 엄격했다. 예를 들어 코닥Kodak 은 말 그대로 노동자들을 어둠 속에 가두고, 칠흑 같은 공장에서 일하게 했다. 물론 필름 제조 과정에 필요한 공정이기는 했지만, 그렇게까지 할 필요는 없었다. 그럼에도 당시에는 흔한 방식이었다.

문제는 이러한 방식이 변화하는 세상에 대응할 수 없다는 것이다. 특히 정보가 매우 다양한 방향과 출처에서 들어오는 환경에서는 더욱 그렇다. 당신과 함께 일하는 사람들이 모두 《하버드 비즈니스 리뷰Harvard Business Review》를 읽고, 똑같은 「맥킨지 보고서」를 읽을 때는 아무 문제가 없었다.

최고 경영진은 이제 리더를 원한다. 변화가 발생하기

전에 먼저 변화를 일으킬 이단자를 원한다. 최고 경영진은 리더에게 추종자들이 필요하며, 변화와 뛰어난 진취력으로 부족을 이끌어야 한다는 점을 인지한다.

하지만 조직의 일원들은 여전히 주저한다.

우리는 과거에 일어난 일을 목격했기 때문에 주저한다. 실패하고 비난받을까 봐, 실수하고 지적당할까 봐 두렵다. 관리를 멈추고 이끌기 시작하면 일자리를 잃을까 봐 걱정한다.

지렛대의 시대가 열리면서 상황은 달라졌지만, 두려움은 여전히 존재한다. 오래전 직원들이 당한 이야기들이 계속 회자되기 때문이다. 우리는 그들을 떠올리며 두려움을 키우고, 숨고 싶은 마음을 합리화한다.

그런데 놀라운 소식이 있다. 살아남은 이단자들이 자신의 이야기를 들려줄 뿐 아니라, 실제로 성공까지 거두었다. 제리 셰레셰프스키Jerry Shereshewsky는 광고 회사 영앤루비컴Young&Rubicam의 이단자였다. 그의 패기 넘치는 기질은 1970년대의 딱딱한 회사 문화와 잘 맞지 않았지만, 전혀 문제가 되지 않았다. 제리는 베르텔스만 뮤직 그룹BMG을 비롯해 나와 함께한 요요다인, 야후!Yahoo!(이하 야후), 그랜드페어런츠Grandparents라는 웹 스타트업에서 일하며 명성을 날렸다. 꽤 성공적인 커리어다. 만약 그가 계속 광고 회사에서 묵묵히 일했다면, 아직도 커피메이커 마케팅에 매달리고 있을 것이다.

# 리더는
# 먼저 행동한다

'다들 바보 같다고 생각할 거야!' '다들 불가능하다고 말할 거야!'

그런 말을 하는 이들은 모두 풍선 공장에서 일하고 있다. 그리고 그들은 전부 틀렸다.

현재 상태는 끈질기고 저항력이 강하다. 모두가 원하기 때문에 유지된다. 사람들은 변화에 동반되는 위험보다, 지금 이 상태를 지키는 것이 더 낫다고 믿는다.

개발도상국에 살고 있는 사람들 중 많은 이들은 앞으로도 삶이 크게 달라지지 않을 거라고 생각한다. 그래서 케냐의 마을에 기업가 정신이나 기술을 도입하려고 하면, 먼저 돌아오는 것은 기대가 아니라 저항이다.

쇠퇴하는 음반 산업의 관계자들 역시 마찬가지였다. 그들은 CD나 디지털 다운로드 판매만이 수익 흐름을 창출하는 유일한 방법이라고 믿었다. 새로운 비즈니스 방식이 등장해도 무시했고, 심지어 고소하기까지 했다.

마이크로소프트는 그들이 무적이며, 실리콘밸리의 하

찮은 검색 엔진과 인터넷 회사들은 적수가 안 된다고 여겼다. 당시 마이크로소프트의 CEO였던 스티브 발머[Steve Ballmer]는 이렇게 말했다. "구글은 진정한 기업이 아니다. 언제 무너질지 모른다. 장담하지만 페이스북의 최첨단 기술이라고 해 봤자, 수십 명의 개발자가 몇 년 안에 만들 수 있는 정도일 것이다."

하지만 거듭 말하건대, 그들은 모두 틀렸다. 혁신은 변화를 이끌고, 이단자들은 규칙을 부수며, 뛰어난 제품과 서비스는 세상 곳곳으로 퍼져 나간다.

그 사실을 믿는다면 당신은 다수와 다르다. 그리고 무엇보다, 당신은 옳다.

# 음악 산업의
# 몰락

그들도 어느 정도 예상했다. 잘나가고 큰돈을 벌던 음악 산업은 약 10여 년에 걸쳐 무너졌다. 그리고 그 이유는 놀라울 만큼 단순했다.

첫째, 그들에게 필요한 이단자가 없었다. 아무도 나서서 변화를 만들려 하지 않았다.

둘째, 부족을 이끄는 일을 간과했다.

음악 산업을 살펴보는 일은 모든 이단자에게 유익한 가르침을 준다. 유망 산업에 종사하는 똑똑한 이들이 의도적으로 주변 세상을 무시하고 뒤로 숨는 과정을 보여 주기 때문이다. 이 교훈은 모든 산업에 똑같이 적용된다.

음악 산업이 인지하지 못한 첫 번째 규칙은 초기 단계부터 새로운 것이 좋은 성적을 내기는 힘들다는 점이다. 처음부터 현재 상태보다 나은 대안이 필요하다고 한다면, 당신은 절대 시작할 수 없다.

머지않아 새로운 것은 기존 것을 능가하게 된다. 하지만 그때까지 기다리면 이미 너무 늦다. 기존 시스템을 애틋

해하는 마음은 자유지만, 그것이 영원할 거라는 바보 같은 생각은 버려야 한다.

그들이 놓친 두 번째 규칙은 과거의 성과가 미래의 성공을 보장하지 않는다는 것이다.

모든 산업은 변화하고 결국에는 쇠퇴한다. 어제 당신이 어떤 방식으로 돈을 벌었다고 해서 내일도 같은 방법이 통할 거라는 보장은 없다.

음악 산업은 베이비 붐 세대와 함께 눈부신 성공을 거뒀다. 비틀스The Beatles와 밥 딜런Bob Dylan을 필두로 음악 산업의 경영진들은 비교적 쉽게 큰돈을 벌 수 있었다. 10대의 구매력 확대, 록 음악의 탄생, 트랜지스터의 보급, 사회적 관습의 변화까지 더해지면서 음악 산업은 오랫동안 성장 곡선을 그렸다.

그 결과 음악 산업은 거대한 시스템을 구축했다. 고위직이 지나치게 많은 조직 구조, 전문 대형 매장, 홍보성 공연 투어, 엄청난 이익률, MTV 같은 시스템까지 이 모든 구조는 매우 잘 돌아갔다. 핵심 질문은 이렇다. 그렇다고 시스템이 영원히 지속될 수 있었을까?

그렇지 않았다. 이는 당신이 속한 산업에도 똑같이 적용된다.

음악 산업은 다음의 다섯 가지 중심축을 갖고 있었다.

1. 무료 라디오 프로모션
2. 제한된 수의 경쟁사
3. 음악가들이 음반사의 재정적 지원을 받아야 하는 높은 제
   작비
4. 베이비 붐 세대를 중심으로 한 Top 40 차트
5. LP와 같이 복제할 수 없고 이윤은 높은 형태

이 다섯 개의 축 가운데 부족이나 리더십과 관련된 것
은 하나도 없었다.

그리고 이 축들은 몇 년에 걸쳐 하나씩 무너졌다. 그 결
과 음악은 여전히 넘쳐 나지만, 음악 산업은 어려움에 부닥
쳤다.

혁신의 핵심은 명확하다. 디지털 음원과 인터넷을 라디
오보다 효과적으로 활용하는 것이다. 고객을 고소하고 과거
를 그리워하는 대신, 서비스와 MD 상품 산업에 집중해야
한다. 그리고 수많은 음악가를 위한 수많은 부족을 찾아 그
들이 원하는 방향으로 이끌어야 한다.

비즈니스 모델은 기회가 있을 때 미리 바꾸는 것이 가

장 좋다.

무명의 예술가가 바닥부터 시작해 자기 작품을 직접 제작하고, 팬을 한 명씩 모아 청중을 만들기란 결코 쉽지 않다. 하지만 음반 제작사나 유명 예술가가 이 일을 해내는 것은 훨씬 간단하다. 사실 이미 뛰어들어야 했지만, 오늘이라도 시작한다면 다행이다.

빨리 시작할수록 당신이 활용할 수 있는 자원과 기회는 더 많아질 것이다.

# 불길한
# 조짐

Don't Panic When the New Business Model
Isn't as "Clean" as the Old One

CD 제작만으로 90퍼센트의 이윤을 얻던 구조를 포기하고 콘서트와 MD 상품, 부족과 메시지 카드, 특별 이벤트, 마케팅 상술이 합해진 모델로 전환하기란 쉽지 않다.

하지만 그런 생각은 이제 집어치워야 한다. 이 업계에서 살아남으려면 반드시 그래야 한다.

초기에 비즈니스 모델을 발견한 몇몇은 살아남고 나머지는 모든 걸 잃을 것이다. 음악 산업은 의도적으로 불길한 조짐을 외면했다.

몰락은 어느 날 갑자기 일어나지 않는다. 당신 역시 그런 조짐을 감지했고, 어떤 사람을 부르고 고용해야 할지도 알고 있었다.

문제는 리더십의 부재였다. 즉 미래를 그리고 거기에 필요한 조직을 구축할 이단자가 없었다는 뜻이다.

뛰어난 아이디어가 중요하다고 말하는 게 아니다. 좋은 아이디어들은 얼마든지 있다. 당신의 이웃 블로그에도 무료로 널려 있다. 진정으로 필요한 것은 아이디어가 아니라, 아이디어를 현실로 바꾸려는 리더의 의지와 행동이다.

기존의 음악 산업 시스템에 매달리는 사람은 현명하지도 않을뿐더러, 성공을 거둘 수도 없다. 먼저 나와서 새로운 영역을 개척하는 이가 성공을 거머쥔다.

믿기 힘들겠지만 음악 산업조차 진짜 황금기는 지금부터일 수 있다. 다만 새로운 시대에는 과거 방식으로 산업을 운영한 사람들의 자리는 없다. 그들은 새로운 질서 속에서 환영받지 못하는 손님일 뿐이다.

# 양 같은
# 순응자들

순종적으로 길들여진 사람을 고용해 아주 단순한 일을 시키고 두려움을 조성해 계속 규율을 지키게 한 결과물이 '양 같은 순응자들'이다.

당신도 그런 사람을 만나 본 적이 있을 것이다.

공항 검색대에서 다른 선택지가 없다는 이유로 아기 엄마에게 젖병에 담긴 모유를 다 먹이고 들어가라고 강요하는 요원, 규정을 제대로 이해하지도 못한 채 밝은 목소리로 회사 정책을 반복하는 고객 서비스 담당자, 효과가 없다는 걸 알면서도 지시라는 이유로 수백억 원어치 TV 광고를 집행하는 마케팅 담당자가 바로 그런 양들이다.

새로운 아이디어와 빠른 변화, 혁신에 대한 중요도가 점점 높아지는 지금 이 시기에도 맹목적 순응자가 늘고 있다는 점은 아이러니하면서도 수긍이 간다. 왜냐하면 사고가 필요 없는 단순한 일들을 전부 기계에만 맡길 순 없기 때문이다.

우리는 가능한 모든 작업을 기계화했다. 이제 인간이

처리해야 할 수작업 비용을 줄이는 일만 남았다. 그래서 매뉴얼을 만들고 가장 저렴한 노동력을 찾기 위해 애쓴다. 그리고 그런 노동력을 구할 때 당연히 양처럼 길들여진 사람들을 찾는다.

학생들을 양처럼 훈련시키기는 매우 쉽다. 시험을 위해 공부시키고, 행동 지침을 강조하고, 두려움을 동기 부여 요소로 사용하면 가장 빠르고 쉽게 졸업할 수 있을 것이다. 그러니 졸업 후 수많은 양들이 쏟아져 나오는 것이 당연하다.

대학원에서는 어떨까? 기회, 비용, 학비, 취업 시장 등 얽힌 게 더 많으므로 학생들은 그동안 배운 대로 다시 양이 된다. 물론 교육 수준이 높은 양이지만 여전히 고분고분하다.

많은 조직 역시 규칙을 잘 따르고, 일관성 있고, 순응적인 사람들을 고용한다. 그리고 두려움을 도구로 직원들을 관리하는 일자리를 제공한다. 따라서 직원들은 잘릴지도 모른다는 두려움에 양처럼 순응하고 만다.

적어도 처음에는 직원의 잘못이 아니지만, 결국 그 피해는 직원과 고객이 모두 감당하는 셈이다.

다른 방법을 추구하면 효율성이 떨어질까? 수평적이고 개방적이고 모든 직원을 존중하는 조직을 만들면 어떻게 될까? 함께 일하는 사람들을 신뢰하고, 그들의 가능성을 믿으면 어떤 일이 발생할까? 처음에는 혼란스러울 것이다. 경비가 많이 들고, 예측하기 힘들고, 잡음이 생기면서 말이다. 이는 공장이나 왕, 궁정처럼 위에서 아래로 명령하는 모델이 아니다. 혼란스러운 만큼 바로 거부하고 싶어진다. 익숙한 방식이 안전해 보이기 때문이다.

그런데 조금씩 변화의 조짐이 나타난다. 뛰어난 인재를 뽑아 충분한 자유를 주면 엄청난 결과가 나온다. 그 모습을 지켜보는 순응자들과 그들의 상사는 고개를 절레절레 흔든다. 그것은 어디까지나 예외적인 결과일 뿐이며, 너무 위험한 방식이라고 말한다.

언젠가 구글 콘퍼런스에 참석해 새로 채용된 영업 사원들과 이야기를 나눈 적이 있다. 짧은 대화였지만 이미 그들 안에 순응자의 기색이 스며들고 있음을 느끼고 씁쓸해졌다.

한 출판사에 방문했을 때 만난 접수 직원이 떠오른다. 그녀는 그 자리에 가만히 앉아 있었다. 책상에 앉아 딴생각을 하며, 지루함을 온몸으로 표현해 가면서 말이다. 방문자가 거의 없다는 이유로 로맨스 소설을 읽으며 시간을 때운다고 했다. 무료함과 무기력이 일상이 된 채 그렇게 2년이나 보낸 것이다.

최근에 만난 MBA 학생은 대형 소비재 회사에 들어가기로 결정했는데, 회사에서 높은 연봉과 좋은 브랜드를 담당하게 해 주겠다고 약속했기 때문이었다. 그녀는 10년 정도 일하다가 출산한 후 자기 일을 시작하겠다는 계획이었다. 다만 조직에서 그렇게 편하게 시간을 보낸다면 주말 신문에 쿠폰 광고를 싣는 일은 능숙해지겠지만, 새로운 문제를 해결하는 능력은 떨어질 것이다.

얼마나 큰 시간 낭비란 말인가!

이를 막기 위해서는 일단 이 현상에 이름을 붙여야 한다. '양 같은 순응자들'. 됐다, 1단계는 해결됐다.

2단계는 자신이 언제든 멈출 수 있다는 사실을 깨닫는 것이다. 모두 그렇게 한다는 이유로 남들과 같은 길을 가지 않는 것만으로도 당신은 가치 있는 커리어를 선택할 수 있다.

하지만 가장 중요한 단계는 가르치거나 고용하는 사람에게 달려 있다. 양처럼 순응하지 않는 행동을 포용하고, 칭찬하고, 소중히 여기는 것이다. 우리가 목격했듯 최근 성장을 이룬 모든 기업에 이런 비순응을 받아들이는 문화가 있었다.

누군가는 내가 너무 가혹하다고 느낄지도 모른다. 하지

만 그건 당신이 무엇을 믿는가에 따라 다르다. 당신은 모든 사람이 상당한 잠재력이 있다고 믿는가? 일이 지루할 틈이 없다고 믿는가? 부족으로 성장하고 변화를 이끌려면 직원과 고객의 열정이 필요하다고 생각하는가? 마케터와 고객의 관계가 중요하며, 그 관계를 위해 큰 노력을 쏟아야 한다고 믿는가? 무엇보다 당신이 이 모든 것을 믿고, 자신과 동료를 믿는다면 내 말이 전혀 가혹하게 들리지 않을 것이다. 우리는 서둘러야 한다. 그리고 빨리 정신 차려야 한다. 변화는 우리를 기다려 주지 않는다.

# 당신의 하루는
# 어땠는가?

한번은 새벽 4시에 잠이 오지 않아 자메이카의 호텔 로비에 앉아 이메일을 확인하고 있었다.

그때, 방으로 향하던 한 커플이 내 옆을 지나갔다. 여성은 나를 바라보더니 남자 친구에게 말했다. "안타깝지 않아? 저 남자는 휴가 와서도 이메일 확인하느라 정신없네. 2주도 쉴 수 없나 봐."

아마 그들은 대답하기 싫었겠지만 정작 던졌어야 할 질문은 이것이었다고 생각한다. "우리가 고작 2주만 피하고, 나머지 1년 50주 동안 일해야 한다는 게 안타깝지 않아?"

오랜 시간이 지나서야 나는 한밤중에도 왜 즐겁게 이메일을 확인할 수 있었는지 깨달았다. 바로 열정 때문이다. 다행히 내 일은 변화를 창조하는 일이었고, 그래서 잠이 오지 않으면 이메일을 확인하고 싶다는 생각이 들었다. 직원이 많지는 않았지만, 나는 비전을 갖고 사람들을 이끄는 비즈니스를 하고 있었다.

반면, 대부분의 사람은 변화에 저항하고 현재 상태를 유지하기 위해 더 많이 근무한다. 이는 매우 지치는 일이다. 변화에 맞서 낡은 시스템을 억지로 유지하는 일은 당신을 고통스럽게 할 것이다.

당신이 아는 이들 중에 열정적이고, 충만하고, 자기 일을 사랑하는 사람들을 떠올려 보자. 장담하건대 그들은 변화를 만드는 사람들일 것이다. 그들은 현재 상태에 도전하고, 자신이 믿는 바를 밀어붙인다. 그리고 사람들을 이끈다.

'인생은 너무 짧다'라는 말은 진부할 정도로 흔하지만, 지금 이 시대에는 정말로 그렇다. 그저 그런 수준으로 불행하게 일하기에는 인생이 너무 짧다. 무의미할 뿐 아니라 고통스럽다. 휴가만 목 빠지게 기다리는 삶이 아니라, 도망갈 필요가 없는 삶을 구축해야 한다.

놀라운 점은 이제 이런 삶이 훨씬 쉬울 뿐 아니라, 당신에게 성공과 행복을 안겨 줄 가능성도 높다는 것이다. 그러니 생각해 보자. 오늘 당신의 하루는 어땠는가?

# 온도계와
# 온도조절장치

The Thermometer and the Thermostat

온도조절장치는 온도계보다 훨씬 더 가치 있다.

온도계는 무언가 잘못되었음을 알려 주는 지표이자 조기 경고 신호다. 우리가 너무 많은 돈을 쓰거나 시장 점유율을 잃을 때, 전화를 빨리 받지 않을 때를 알려 준다. 조직은 이런 인간 온도계로 가득하다. 그들은 비판하고 지적하며, 때로는 불평만 늘어놓는다.

반면 온도조절장치는 완전히 다르다. 외부 환경에 맞게 실제로 온도를 바꿔 준다. 모든 조직에는 적어도 하나 이상의 온도조절장치 같은 사람, 즉 변화를 만들고 지속적으로 이끄는 리더가 필요하다.

# 작은
# 운동

핵심은 단순하다. 모든 리더는 '조직적인 운동'을 소중히 여기고 지지해야 한다. 버클리 대학교의 자유 언론 운동이나 천안문 광장의 민주화 운동, 미시시피에서 일어난 흑인 민권 운동처럼 말이다. 브루클린에서 직접 볶은 커피를 사랑하는 모임, 전 세계의 문신 문화에 열광하는 커뮤니티도 이에 해당할 수 있다.

당신은 범위가 좁은 운동, 규모가 작은 운동, 독립적인 운동 등 다양한 형태의 운동을 만들 수 있다. 당신의 운동을 지지하는 사람은 10명, 20명, 1,000명일 수도 있고 지역 사회 혹은 전 세계일 수도 있다. 가장 흔하게는 당신이 함께 일하는 동료와 상사, 직원 들이다.

인터넷의 본질은 사람을 연결하는 것이다. 그리고 운동은 연결된 사람들을 통해 변화를 이끈다.

마케터와 기획자, 감각이 빠른 기민한 이들은 자신이 작은 운동 하나만 촉발해도, 추종자들과 함께 이를 더 크게 추진할 수 있음을 깨닫고 있다.

　이처럼 작은 변화의 움직임을 만들어 내기 위해서는 다
섯 가지의 할 일과 여섯 가지 원칙이 필요하다.

# 다섯 가지
# 할 일

Five Things

### 1. 선언문을 발표할 것

선언문을 선포하고 널리 퍼지게 하자. 반드시 종이에
인쇄하거나 직접 쓸 필요는 없다. 중요한 것은 이 선언문이
주문이자 표어이며, 세상을 바라보는 관점을 담고 있다는
점이다. 선언문은 부족원을 하나로 묶고, 그들에게 앞으로
나아갈 명확한 방향성을 제시해 준다.

### 2. 추종자와 원활하게 소통할 것

소통 방식은 방문이나 이메일 전송, TV 시청처럼 간단
할수록 좋다. 혹은 좀 더 복잡하고 다양하게 SNS를 통해 소
통할 수도 있다. 핵심은 추종자와 주기적으로 연결되고, 그
들이 당신의 메시지를 계속 느끼게 하는 것이다.

### 3. 추종자들이 원활히 연결되도록 도울 것

식당의 단골손님들은 고개만 살짝 끄덕여도 서로 소통
한다. 공항 라운지에서는 술잔을 기울이며 자연스럽게 이야

기를 나눈다. 정치 캠페인에 참여하는 봉사자들이나 신제품 출시를 함께하는 내부 팀은 그 과정에서 더욱 강한 동지애를 만든다. 위대한 리더들은 사람들의 연결을 이끄는 방법을 잘 이해한다.

### 4. 돈이 핵심이 아님을 깨달을 것

돈은 운동을 가능하게 해 주는 수단일 뿐이다. 돈을 빨리 벌려는 욕심으로 접근하면, 운동은 더 크게 성장할 수 없다.

### 5. 과정을 기록할 것

공개적으로 과정을 기록하고, 추종자들이 이에 기여할 방법을 마련하라. 기록은 사람들을 끌어들이고, 참여하게 만들며, 부족이 함께 움직이고 있다는 사실을 확인하게 해 준다.

# 여섯 가지
## 원칙

### 1. 반드시 투명해야 한다

복음을 전달하는 데 실패한 전도사들은 이 사실을 어렵게 깨달았다. 추종자들은 멍청하지 않다. 스캔들, 이해관계의 왜곡, 목적의식의 상실로 당신은 곤두박질칠 수 있다. 사람들은 1킬로미터 밖에서도 기만의 냄새를 맡는다.

### 2. 사람들은 함께해야 한다

한 명의 작가와 한 권의 책만으로는 운동이 될 수 없다. 하지만 사람들이 그에 영향을 받아 대학에 지원하는 방식을 바꾸기 시작한다면, 분명히 운동이 될 수 있다.

### 3. 조급해하지 말자

변화의 움직임은 하루하루 조금씩 발전하며 더 강력해진다. 당신은 곧 목표에 도달할 것이다. 그러니 당장 눈에 띄는 결과가 없다고 조급해하지 말자.

4. 현재 상태나 다른 목표를 지닌 운동과 비교할 때 운동의 방향성은 가장 명확해진다

운동은 비슷한 목표를 가진 다른 운동과 비교하면 힘이 약해지고 메시지가 흐려질 수 있다. 그럴 때는 경쟁하거나 싸우려 들지 말고, 힘을 합하라. 같은 방향을 바라보는 운동끼리는 서로의 에너지를 증폭시킬 수 있다.

5. 외부자를 제외하라

배척은 충성심과 관심을 이끄는 매우 강력한 힘이다. 운동은 내부자만 중요한 것이 아니라, 누가 외부자인지 명확히 해야 결속력이 생긴다. 정체성이 선명할수록 부족은 더욱 단단해진다.

6. 다른 사람을 깎아내리는 것보다 추종자를 구축하는 것이 운동에 훨씬 유익하다

운동을 키우는 데 가장 중요한 힘은 당신의 메시지에 공감하고 움직이는 사람을 만드는 데 있다. 긍정적 에너지는 운동을 확장시키고, 부정적 에너지는 운동을 갉아먹는다.

# 그 건물

그 건물은 보트 클럽, 정당, 아니면 어떤 회사의 본사일지도 모른다. 프랜차이즈 사업장이거나 지역의 비영리 단체일 수도 있다. 내가 아는 건 그 건물에 현재 상태를 유지하기 위해 늦게까지 일하는 부족이 있다는 사실이다.

신자들은 매주 참석해 지난주와 같은 의식과 동작을 반복하지만 아무 변화도 일어나지 않는다. 사실 정확히 말하면, 그 의식 때문에 변하지 않는다. 여기서 부족은 마치 변화를 막기 위해 존재하는 듯하다.

고객 서비스 직원은 매뉴얼대로 모든 고객을 똑같이 응대한다. 왜 고객들이 화를 내는지 이해하지 못하면서 말이다.

비영리 재단을 돕는 자원봉사자들은 언제나 같은 방식으로 활동을 지원하며, 언제나 같은 결과를 얻는다.

변화를 위해 애쓰는 부족도 있지만, 대부분은 그렇지 않다. 교회든 회사든 상황은 마찬가지다. 종교는 믿음을 방해하고, 정체된 상태는 행동을 가로막으며, 규칙은 신념을 흐리게 만든다.

사람들은 스스로의 의지가 아니라 의무감 때문에 움직인다. 두려움이 욕구를 누르고, 현재 상태가 굳어져 정체된 조직은 서서히 무너진다.

슬프지만, 너무나 흔하게 일어나는 현실이다.

그렇다면 이 상황을 치유하는 해독제는 무엇일까? 바로 리더십이다. 당신이 포용하기만 한다면, 리더십은 어느 빌딩에서든, 어느 조직에서든 강력하게 작동할 것이다.

# 모든 부족은
## 미디어 채널이다

Every Tribe Is a Media Channel

《타임<sup>TIME</sup>》은 미디어 채널이다. CNN과 야후도 마찬가지다. 전통적인 미디어 채널의 장점은 '빌릴 수 있다'는 점이다. 돈을 내고 광고를 실으면 사람들의 눈길과 관심을 끌 수 있고, 판매로 이어질 수도 있다.

구글은 하루에 10억 번 이상 일어나는 모든 검색이 곧 하나의 미디어 채널이라는 사실을 발견했다. 그래서 채널을 클릭 단위로 팔아 수익을 올렸다.

하지만 부족은 전혀 다르다.

부족은 가장 효과적인 미디어 채널이지만 빌리거나 판매할 수 없다. 그들은 당신이 원하는 것이 아니라 스스로 원하는 것을 행동으로 옮긴다. 따라서 부족에 합류하고 이끄는 것은 그 어떤 마케팅 투자보다 강력한 전략이다.

# 틀릴
# 각오

How to Be Wrong

존 조그비John Zogby는 성공한 여론 조사 전문가이지만, 2000년 미국 대통령 선거 당시 플로리다주에 출마한 앨 고어의 투표 결과는 무려 10퍼센트 포인트나 틀렸다. 존 케리에 대한 투표 예측도 틀렸으며 2008년 뉴햄프셔 예비선거 결과도 맞히지 못했다. 하지만 나는 그를 실력 없는 전문가가 아니라 '성공한 여론 조사 전문가'라고 불렀다. 그가 틀릴 수도 있다는 위험을 받아들이지 않았다면, 그토록 여러 번 정확한 예측을 할 수 없었을 것이다.

아이작 뉴턴Issac Newton은 연금술 연구에 상당한 커리어를 바쳤지만, 그의 이론의 일부는 전혀 타당하지 않았다. 그럼에도 현시대까지 가장 위대한 과학자이자 수학자로 존경받는다.

스티브 잡스 역시 애플 III와 NeXT 컴퓨터, 애플 뉴턴에 대해 완전히 틀린 판단을 했었다.

당신도 이제 깨달았을 것이다.

틀릴 것을 두려워하지 않을 때에만, 우리는 비로소 틀

릴 수 있다!

기꺼이 틀릴 각오를 해야 한다.

그리고 틀리는 것이 곧 치명적인 실패가 아니라는 사실을 받아들여야 한다.

사람과 조직을 위대하게 만드는 비결은 '틀릴 수도 있다'는 각오에서 나온다. 더 원대한 목표를 달성하기 위해 실패를 감수하는 태도야말로 성공의 숨겨진 비결이다.

여러분은 아마 궁금할 것이다. 사람들을 원하는 방향으로 이끌고, 두려움 없이 변화를 만들며, 마치 마법처럼 현재 상태를 바꾸는 지름길이 있는지 말이다. 만약 그런 비법이 있다면 당신은 단번에 이 책의 내용을 믿고 당장이라도 부족을 이끌고 싶어질 것이다.

하지만 솔직히 말해 쉬운 길은 없다. 중간 관리자에게도, CEO에게도, 기존 질서를 흔드는 이단자에게도 마찬가지다. 진실은 이렇다. 실패는 위험해 보이지만 위험 부담은 생각만큼 치명적이지 않다. 화형대에 오를 일은 거의 없다. 우리가 두려움 속에서 상상하는 단점들은 현실에서는 훨씬 적다.

리더십의 비결은 단순하다. 당신이 믿는 일을 하라. 미래의 그림을 제시하고, 비전에 몰입하라.

그러면 사람들은 결국 당신을 따르게 될 것이다.

# 리더십의
# 타이밍

The Timing of Leadership

언제 이끌어야 할지 명확히 알 수 있는 순간은 거의 없다. 물론 당신은 직접 나서서 의견을 밝히고, 아이디어를 퍼트리고, 용기 있게 장애물을 제거할 타이밍을 쉽게 알 수도 있다.

하지만 대부분의 경우, 위대한 리더십은 부족이 가장 예상하지 못할 때 드러난다. 분명하지 않은 순간들이 중요하다. 바로 지금처럼 말이다.

지금까지 변화를 중심으로 리더십을 존중하고 빠르게 움직이는 진보적인 부족을 얘기해 왔다. 특히 성장 단계의 부족이 실제로 이런 모습을 띤다.

그러나 시간이 지나면 부족은 정체된다. 그 대표적인 사례가 위키피디아다. 위키피디아는 보수적인 이사회와 수천 명의 헌신적인 봉사자들에 의해 운영된다. 그리고 그들 대부분은 변화를 원하지 않는다.

위키피디아의 봉사자들은 기준에 맞지 않다는 이유로 수많은 페이지를 삭제하는 캠페인을 진행했다. 또한 당시 위키피디아 이사회의 의장이었던 플로랑스 드부아르 Florence Devouard는 누구도 큰 금액을 기부하지 않도록 지속적으로 강조했다. 《뉴욕 타임스》는 과도하게 영향력을 행사하려는 외부 인사가 이사회 멤버가 되려 한다면 "가만있지 않겠다"라는 그녀의 말을 인용해 보도하기도 했다.

그렇다면 이처럼 정체된 부족은 어떻게 해야 할까?

목표가 변화라면, 다수가 현재 상태를 유지하는 데 집

중하는 상황에서 그들의 세계관을 바꾸려는 것은 어리석은 행동이다. 대신 새로운 부족을 만들고, 새 리더십을 원하는 선동가와 변화에 목마른 이들을 찾아 그들과 함께 달릴 기회를 개척하자.

나는 규모만 크고 이미 정체된 부족은 버려도 좋다고 생각한다. 그들에게는 이렇게 말해 보자. "여러분은 내가 원하는 방향으로 가지 않을 것입니다. 그리고 모두에게 나를 따르라고 설득할 수도 없을 것입니다. 따라서 그대로 머물면서 기회들이 사라지는 걸 지켜보느니 내가 떠나겠습니다. 현명한 사람들은 나를 따라올 것이라고 확신합니다."

# 위험
## 가능성

Possibility of Risk

어느 날 라디오에서 한 남성이 미래의 행동과 관련된 '위험 가능성'에 대해 떠들어 대는 것을 들었다. 사람들은 '위험'이라는 단어 자체를 두려워해서 입에 올리기도 싫어한다. 결국 위험이란 실패할 가능성을 뜻한다. 즉 이 남성은 우리에게 '가능성이 생길 가능성이 있다'고 경고한 셈이다. 차마 그렇게 말은 못했지만 말이다.

그렇게 따지면 이 세상 모든 게 위험하다.

하지만 실상은 다르다. 정확하게 말하자면 위험이 존재한다는 사실만이 확실하다고 할 수 있다. 그러니 당신이 더 안전하게 미래를 계획할수록 실제로는 더 위험해질 것이다. 왜냐하면 세상은 확실히, 분명히, 그리고 틀림없이 계속 변하고 있기 때문이다.

# 조직과
# 부족

When Tribes Replace What You're Used To

뛰어난 벤처 투자자인 프레드 윌슨<sup>Fred Wilson</sup>은 기업, 비영리 재단, 교회와 같은 전통적인 조직이 왜 존재하는가를 다시 생각하게 만들었다. 그는 다음과 같이 노벨 경제학상 수상자인 로널드 코스<sup>Ronald Coase</sup>의 말을 인용했다.

"시장을 이용하는 데는 여러 거래 비용이 든다. 시장을 통해 상품이나 서비스를 얻는 비용은 실제 그 상품의 금액보다 높다. 검색과 정보 탐색 비용, 협상 비용, 영업 기밀 유지 비용, 규칙을 감독하고 집행하는 비용 등이 시장 거래의 비용을 높인다. 기업은 이러한 거래 비용을 피하고 내부적으로 생산하는 것이 더 효율적일 때 생겨난다."

우리는 부족을 이끄는 것보다 비용이 덜 들 때 공식적인 조직을 만든다. 예를 들어 직원이 있는 조직에서는 덜 체계적인 부족이 하기 어려운 긴밀한 의사소통과 결과물이 가능해진다. 군대를 거느리는 것이 전 국민의 지지와 신뢰를 받는 것보다 더 안정적인 방식처럼 보일지도 모른다.

하지만 인터넷의 등장으로 당신은 과거보다 더 크고 빠르고 비용이 덜 드는 부족을 만들 수 있게 되었다. 새로운 경제 환경에서는 거래 비용이 빠르게 감소하는 반면, 사무실, 복지, 관리처럼 공식 조직을 유지하는 데 드는 비용은 계속 증가하기 때문이다.

많은 대형 기업들은 부족의 힘에 맞서기 위해 더 규모를 키우고 있다. 그들은 다른 회사들을 사들이며 '거대함이 주는 체계성'으로 유연하고 빠르며, 때로는 자유로운 힘을 지닌 부족을 어떻게든 성공적으로 물리치길 기대한다. 그러나 그런 일은 일어나지 않을 것이다. 규모가 아무리 커도, 유기적으로 연결되고 스스로 움직이는 부족을 결코 이길 수 없다.

# 주도성 Initiative


소심한 사람들은 조직을 진공 상태로 만든다.

풍선 공장에서 일하는 노동자들이 무슨 일이 생길까 봐 노심초사하듯, 소심한 사람들은 새로운 일이 기존의 시스템을 방해한다고 생각한다.

그렇기 때문에 주도성은 정말로 중요한 성공의 도구다. 사소한 행동과 몇 가지 새로운 아이디어, 아주 작은 주도성만으로도 당신은 순식간에 진공 상태를 메꿀 수 있다. 아주 깨끗한 흰색 식탁보에 하와이안 펀치 칵테일을 몇 방울 흘리는 것만으로도 사람들의 시선이 쏠린다.

지금은 세계적으로 유명해진 가구 디자이너인 바버라 배리<sup>Barbara Barry</sup>가 자신의 첫 소파 라인을 제조할 파트너를 찾고 있을 때였다. 그녀는 일류 제조업체의 임원들을 자신의 쇼룸으로 초대하기 전에 약간의 주도성을 발휘했다.

그녀는 우선 제조업체가 기존의 가구 제작에 전통적으로 사용해 오던 대량의 원단을 주문했다.

그러고는 큰 사무실을 빌려 쇼룸으로 만들었다.

그다음 대담하고 멋진 가구를 디자인해 지역 상점에 만들어 달라고 요청한 뒤, 제조업체의 대표적인 원단을 씌웠다.

가구 스케치를 보여 주며 구매를 권유할 거라고 예상한 임원들은 쇼룸에 도착해 완성된 소파를 마주했다. 그들의 원단이 사용되고, 회사의 브랜드 라벨이 붙여진 소파였다. 지금이야 수백만 원의 맞춤 가구를 만드는 것이 특별해 보이지 않을 수 있다. 하지만 당시 업계에서는 기존의 규칙을 바꾼 매우 비범한 행동이었다.

그녀는 자신의 일을 그저 관리하거나 가구 회사 임원들의 허락을 구하지 않았다. 매 순간을 즐기며 적극적으로 주도했다.

혁신을 가장 강하게 저항하는 조직일수록, 아이러니하게도 혁신이 가장 절실한 곳이다. 다소 역설적으로 들리지만, 이를 깨달은 사람에게는 오히려 엄청난 기회가 된다.

# 바보같이
# 고집하다

내 동료는 미군 중장인 러셀 오노레<sup>Russel Honoré</sup>의 말을 자주 인용하며, "너무 많은 사람들이 바보처럼 고집한다"라고 말하곤 한다.

당신의 동료들이 바보라고 생각하지는 않는다. 하지만 세상이 바뀌면 규칙도 변해야 한다. 어제의 규칙으로 오늘의 게임을 하겠다고 고집한다면 어리석은 전략에 갇혀 버린다. 세상은 이미 변했다.

어떤 조직은 변화 앞에 갇혀 있고, 어떤 조직은 빠르게 나아간다. 변화무쌍한 세상에서 어떤 조직이 더 잘나갈지는 너무나 분명하지 않은가?

# 마크
# 로브너

Mark Rovner, Nonprofit Heretic

모금 전문가 마크 로브너<sup>Mark Rovner</sup>는 수년간 비영리 재단의 기존 시스템에 도전해 왔다. 그리고 그 결과, 그는 현재의 성과를 만끽하고 있다.

리더가 어떻게 문제를 제기해야 하는지 보여 주는 사례를 살펴보자. 마크는 광고용 우편물을 통한 모금 방식의 미래에 관한 온라인 토론을 시작했다. 대부분의 비영리 단체가 사용하던 우편물 모금 방식은 점점 힘을 잃어 가고 있었다. 인터넷이 모든 문제의 해결책으로 여겨졌지만, 마크는 그렇게 보지 않았다.

저렴한 광고용 우편물로 높은 반응을 얻던 시대는 끝났다. 광고용 우편물의 경제성은 떨어진 지 오래다. 발송 비용은 커지고 이에 반응하는 새로운 기부자는 줄었다. 이러한 동향은 기존 기부자들의 높은 기부 비용으로 가려지고 있지만 곧 위기가 드러날 것이다. 이미 어려움을 겪는 단체들도 있다.

현재의 온라인 모금 모델도 임시방편일 뿐이다.

내 생각은 이렇다. 미국의 50대 비영리 단체를 보면 미래가 그다지 밝지 않아 보인다. 규모가 큰 조직일수록 그대로 머물고 있다. 혁신적이라는 평가를 받지 못하는《포춘<sup>For-</sup><sup>tune</sup>》100대 기업보다도 변화가 없을 정도다. 규모가 커지면 그 규모에 익숙해지고, 유지하려는 성향이 강해진다. 그래서 기존에 하던 일을 그대로 수행하기 위해 직원들을 계속 고용하며 과거의 시스템을 지키고자 한다. 위험 부담이 큰 일과 기발한 계획에는 당연히 눈살이 찌푸려진다.

하지만 좋은 소식도 있다. 인터넷은 그저 광고용 우편물 모금을 대체하는 수단이 아니다. 모든 비영리 단체에 인터넷은 더 큰 의미가 있다.

온라인 상거래가 가능해지자마자 대부분의 비영리 재단은 자사의 웹사이트를 통해 많은 기부금을 모았다. 사람들은 이것을 현명한 전환과 뛰어난 마케팅의 결과라고 생각하지만, 실상은 인터넷에 능숙한 기부자가 더 편한 방식으로 기부금을 보냈을 뿐이다.

정말로 큰 성공을 거두려면 자선단체를 돕는 의미 자체를 바꿔야 한다. '나는 회사에서 하는 단체 기부에 참여했어' '12월 마지막 주에 기부했어'라는 식의 태도는 의무감에서 비롯된 기부다. 많은 사람들이 죄책감을 덜거나 부탁한 친구를 기쁘게 하려고 돈을 기부한다. 이렇게 해서는 진정한 성공을 거둘 수 없다. 아무도 모르게 삭제 버튼을 누르기만 하면 되는 상황에서 기부 요청 메일을 무시하기는 너무나 쉽다.

진정한 성공을 위해서는 기부자를 지지자, 활동가, 참여자로 만들어야 한다. 가장 훌륭한 기부자는 기부만이 아니라 실제로 활동하는 사람들이다. 가난한 이들을 위해 수프를 만들고, 음식을 나눠 주고, 미술품을 걸며 직접 참여하는 사람들 말이다. 나의 어머니는 수년간 뉴욕 버펄로에 있는 올브라이트-녹스 미술관에서 자원봉사를 하셨다. 그리고 우리는 미술관에서 보내는 월간 우편물을 보고 기부했을 때보다 훨씬 더 많은 금액을 기부했다.

인터넷은 조직의 활동 반경을 넓혀 주었다. 자선단체는 단순히 기부를 제안하는 대신 온라인 참여를 중심으로 방식을 바꿀 수 있다. 이것이 바로 새로운 지렛대다. 즉 봉사자에게 적극적으로 다가가 소통과 연결을 격려하고, 때로는 반대 의견도 내도록 권장하는 것이다. 직원들이 블로그를 자유롭게 운영하도록 하고, 자원봉사자들과 함께 활동하며, 그들 또한 진지하게 참여하게끔 이끌어야 한다. 많은 비영리 단체에게는 두려운 이야기겠지만 다른 길은 없다.

그렇다면 당장 예전의 방식을 버려야 할까? 물론 아니다. 하지만 인터넷을 광고용 우편물의 무료 버전으로 활용하는 데에서 그쳐서는 안 된다. 이단자들을 찾아내 그들에게 힘을 주고, 새로운 것을 만들 수 있는 자유와 공간을 제공해야 한다.

# 리더의
## 자세

The Posture of a Leader

당신이 내 아이디어를 듣고도 믿지 않는다면 그건 당신의 잘못이 아니라 내 잘못이다.

당신이 내 제품을 보고도 사지 않는다면 역시 당신의 잘못이 아니라 내 잘못이다.

당신이 내 프레젠테이션에 참석해 지루함을 느낀다면 그 또한 내 잘못이다.

부족을 위한 지원 정책을 실행하자는 내 제안에 끌리지 않았다면, 그것은 당신의 근시안적 사고 때문이 아니라 내 열정과 기술이 부족했기 때문이다.

당신이 내 수업을 듣고도 이해하지 못했다면, 실망하게 만든 사람은 바로 나다.

사람들에게 매뉴얼을 읽으라고 강요하기는 정말 쉽다. 사용자, 학생, 잠재 고객, 고객에게 열심히 노력하지 않는다고, 너무 멍청해 이해하지 못한다고, 왜 관심을 가지지 않느냐고 탓하기도 쉽다. 열심히 이끌었는데도 따라오지 않는 부족원들을 원망하고 싶은 마음도 들 수 있다. 하지만 이 모든 것은 아무런 도움이 되지 않는다.

　중요한 건 어떻게 소통할지에 대한 선택권이 당신에게 있다는 사실을 깨닫는 것이다. 당신은 사용하기 쉽게 제품을 디자인하고, 상대가 집중하게끔 글을 쓸 수 있다. 또한 당신이 원하는 청중에게 확실히 메시지를 전달할 수 있는 장소와 방식으로 프레젠테이션할 수도 있다. 그리고 무엇보다 당신을 이해할 사람과 이해하지 않을 사람을 선택할 수 있다.

# 부족의
# 전환

Switching Tribes

부족이 커지면 더 많은 부족원을 모아 빠르게 확장하고 싶은 마음이 들기 마련이다.

그래서 이미 다른 부족의 구성원들을 유망한 타깃으로 삼기도 한다. 당신이 광적인 축구 팬을 미식축구 팬이 되도록 설득하는 일은 거의 혁명에 가깝다. 수백 명의 기독교인들에게 유대교로 개종하라고 권하는 전면 광고를《뉴욕 타임스》에 싣는다고 생각해 보라. 반대 정당의 강경한 당원에게 자기 당에 들어오라고 열렬히 구애하는 정치인은 또 어떤가?

이 모든 시도가 성공할 리 없다.

사람들은 변화를 좋아하지 않는다. 우리는 열정적인 마음을 가지고 회사에 입사했으나 회사가 시간이 지나 완전히 다른 모습이 되었음에도, 파산을 선언할 때까지 묵묵히 일하며 자리를 지킨다. 편을 바꾼다는 것은 지난 선택이 실수였음을 인정하는 셈이기 때문이다.

따라서 다른 부족의 충성스러운 일원에게 함께하자고

203

설득해서는 성장을 이룰 수 없다. 그들은 가장 늦게 합류할 것이다. 그 대신 탐색자를 설득하는 것이 훨씬 유리하다. 생동감 넘치고 성장하는 부족에서 소속감을 느끼고 싶어 탐색 중인 이들 말이다.

여기서 말하는 '탐색자'는 불만만 가득한 외부인이나 소속되고 싶지 않은 외톨이가 아니다. 용기 있게 다른 부족으로 전환할 수 있는 가장자리에 있는 이들을 말하는 것이다.

당신이 다른 전략으로 바꾸자고 부족을 설득하고 싶다면, 반대편의 우두머리부터 설득하려 들지 말자. 대신 다른 부족에 아직 속하지 않은 열정적인 개인부터 공략해 보자. 이런 사람들을 많이 끌어들일수록 당신의 선택은 더 안전하고 강력해진다. 그때부터 자연스럽게 더 많은 사람들이 당신의 부족에 합류하게 될 것이다.

# 아직은
# 안 돼

변화와 리더십을 방해하는 가장 큰 적은 '안 돼'가 아니라
'아직은 안 돼'다. 이 태도는 변화를 미리 막는 가장 안전하
고 쉬운 방법이다. 또한 기존의 시스템을 재정비하고 불가
피한 일을 잠시 미룰 기회를 준다.

너무 빠르게 움직여 실패하는 경우는 거의 없다. 하지
만 너무 늦게 움직이면 실패할 가능성은 급격히 높아진다.

아래의 곡선은 시간에 따라 혁신이 어떤 이익을 만들어
내는지 보여 준다.

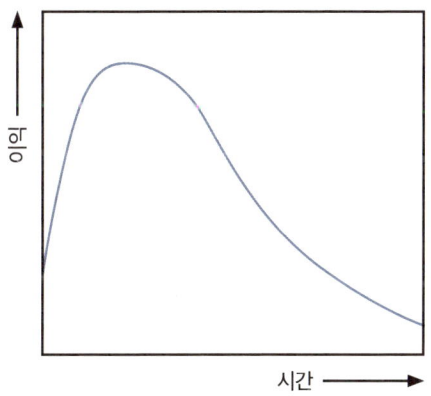

당신의 세상이 혁신할 준비가 됐다고 느껴질 때면 이미 너무 늦었다. 빠른 건 더더욱 아니다. '지금은 때가 아니다' '천천히 해라' '좀 보면서 기다리자' '지금은 다른 사람의 순서다' 따위의 핑계는 변화를 모색하는 리더에게 적합하지 않다. 너무 빨리 움직여서 손해 볼 가능성은 거의 없지만, 너무 늦게 움직인 대가는 상상을 초월한다. 혁신을 미룰수록 당신의 노력은 그 가치를 잃을 것이다.

# 전술과
# 예술

마술사이자 에세이 작가인 제이미 이안 스위스 Jamy Ian Swiss 는 자신의 공연 중 "어떤 트릭 쓰는지 다 알아요!"라고 외친 꼬마에 대해 글을 쓴 적이 있다.

하지만 트릭을 안다는 사실이 그렇게 중요한가?

세상에는 트릭을 설명하는 방법에 관한 책과 매뉴얼이 가득하다. 리더십 분야에서도 수많은 트릭이 소개된다. 그런데 트릭을 그렇게 쉽게 알 수 있다면 어째서 실행하는 사람은 드물까? 동전 마술이나 카드 마술 기법이 다 알려져 있는데도 잘하는 사람은 몇 명 안 되는 이유가 뭘까?

트릭의 방법을 아는 것 자체는 그리 중요하지 않기 때문이다. 정말 중요한 것은 그것을 어떻게 구현하느냐, 즉 '예술'의 영역이다. 리더십도 마찬가지다. 전술은 간단하지만, 현실에서 예술처럼 실행해 내는 일이 어렵다.

작가 애덤 고프닉 Adam Gopnik 은 스위스의 말을 인용하여 다음과 같이 말했다. "마법이 일어나는 건 관객의 마음속뿐이며, 다른 모든 것은 방해 요소다. 전술에 매달리는 건 오히려 본질을 흐린다. 자신의 욕망과 욕구를 포함한 모든 것을 내려 두고, 관객에게 놀라움을 선사하기 위해 집중하지 않으면 결코 마법의 세계에 들어설 수 없다. 다른 게 아니라 그게 바로 마법이다."

이제 그의 말에서 '마법'이란 단어를 '리더십'으로 바꿔 보자.

리더십은 예술과 같다. 진정한 관대함을 지니고, 부족과 깊은 유대감을 지닌 사람만이 이룰 수 있다. 전력을 쏟아 헌신할 때 트릭을 아는 것 역시 의미를 갖는다.

# 보이지 않는
# 혁명

리더십이 실제로 구현되는 모습을 목격하기란 쉽지 않다. 대개 일이 벌어진 이후나 이미 상당히 진척된 다음에야 알아차리곤 한다. 리더십은 우리가 미처 예상하지 못한 곳에서 시작되기 때문이다.

시장의 리더가 반드시 산업을 완전히 뒤바꾸는 '혁신가만'을 의미하지는 않는다. 조직에서 진정한 리더십을 발휘하는 사람이 CEO나 고위 임원과 일치하지 않는 경우도 흔하다. 오히려 그런 리더십은 누구의 관심도 받지 못했던 구석진 자리에서 조용히 시작된다.

# 냉소와
# 희망

Criticizing Hope Is Easy

희망을 향해 냉소적인 태도를 보이기는 쉽다. 하지만 결과적으로 보면 냉소는 매우 형편없는 전략이다.

물론 구체적인 전략이 없는 희망적인 태도만으로 리더십이 생겨나지는 않는다. 리더십은 희망과 긍정적인 사고가 미래에 대한 구체적인 계획과 비전과 부합될 때 비로소 빛을 발한다. 당신이 목표에 도달할 수 있다는 굳은 믿음을 가질 때, 사람들도 당신의 믿음을 따라 움직인다.

관리자들은 종종 냉소적이다. 그들은 이미 다 경험했고, 자신이 할 만큼 했다고 생각하기 때문에 비관적이다. 반면 리더들은 희망적이다. 희망이 없으면 미래도 없다.

# 바이올린
# 연주자

The Naked Violinist

타스민 리틀<sup>Tasmin Little</sup>은 수많은 바이올린 신동이 나타났다 사라지는 사이에서도 꾸준히 명성을 이어 온 뛰어난 연주자다. 오랫동안 콘서트 투어를 하고, 지속적으로 음반을 내왔다.

그녀는 어느 날 자신의 음반을 무료로 제공하는 파격적인 결정을 내렸다. 공식 웹사이트에 음원과 해설, 정보를 모두 공개한 것이다.

한마디로, 타스민은 새로운 변화를 이끌어 낸 인물이다. 클래식 음악의 대중화를 위해 시간과 에너지를 아끼지 않고 헌신했고, 음원을 무료로 공개하는 데 그치지 않았다. 교도소와 작은 마을, 학교를 정기적으로 방문해 직접 공연을 펼치기도 했다. 음악을 넘어 더 많은 가치를 나누고자 했던 그녀는 그저 흉내만 내는 모방자가 아니라, 스스로 길을 만든 진정한 리더였다.

물론 타스민의 아이디어를 반대하고 비웃는 사람들이 있었을 것이다. 클래식을 지나치게 신성하고 고귀한 영역으로 여기며, 변화 자체를 두려워하는 사람들 말이다. 아무리 진심을 다해도 변화의 시작은 늘 조용하다. 세계적인 환호와 홍보, 박수갈채는 쉽게 따라오지 않는다. 그럼에도 불구하고 타스민의 집요함과 추진력, 그리고 끝까지 포기하지 않는 노력이 결국 변화를 현실로 만들었다.

# 퍼지는
# 노래

Writing Songs That Spread

어큐먼펀드 대표 재클린 노보그라츠는 유니세프가 르완다의 어머니들에게 자녀의 백신 접종을 권장하는 포스터 제작과 홍보에 얼마나 많은 돈을 쓰는지 지적한다. "르완다 어머니와 아이 들의 사진과 아동 백신의 중요성을 알리는 핵심 메시지는 정말 훌륭하다. 문제는 르완다 여성들의 문맹률이 70퍼센트를 넘는다는 사실이다. 키냐르완다어로 적은 포스터는 무용지물이나 마찬가지다."

재클린은 르완다에서 메시지가 퍼지는 방식이 노래임을 주목했다. 여성 무리는 다른 여성들을 위해 노래를 부르는데, 이는 생각을 전파하는 수단이자 일종의 선물이기도 했다. 즉 르완다에서 메시지를 전달하려면 포스터가 아니라 노래가 필요했다.

당신의 부족 역시 소통한다. 그러나 그들의 소통 방식이 당신과 다르거나, 당신의 기대만큼 효율적이지 않을 수 있다. 하지만 분명한 사실은 그들이 소통하고 있다는 것이다. 리더는 부족원이 어떤 형태로든 노래를 부르도록 도와야 한다.

# X상

The X Prize

기업가 피터 디아만디스<sup>Peter Diamandis</sup>는 우주 비행의 새로운 해결책을 찾기 위해 발명가와 금융가, 탐험가 부족에 활력을 불어넣고 싶었다. 그래서 그는 나사<sup>NASA</sup>가 보여 주는 제한적인 방식을 그저 따르는 대신 'X상(賞)'을 만들었다. 2주 동안 로켓을 100킬로미터 떨어진 우주로 성공적으로 두 번 발사하는 최초의 팀에게 1,000억 원의 상금을 수여하기로 한 것이다.

상금을 거머쥔 우승 팀은 이 프로젝트에 참여하기 위해 약 2,600억 원 이상을 쏟아부었다. 결론적으로 피터가 제시한 간단한 리더십이 상금 자체보다 열 배나 더 많은 투자를 이끈 것이다. 무엇보다 이로 인해 수십 개 팀이 경쟁하면서 완전히 새로운 생태계가 만들어졌다.

피터는 자신이 처음 아이디어를 제시하자 많은 사람들이 바보 같은 생각이라고 말했다고 전한다. 그의 의견을 지지해 주는 이도, 응원하거나 참여하겠다고 하는 이도 없었다. 피터가 성공을 거둔 것은 오르테이그상<sup>•</sup>의 업데이트 버전 같은 아이디어가 아니라, 그의 리더십과 의지 덕분이었다. 중요한 건 아이디어가 아니다. 부족을 형성하는 것이 핵심이다.

• 1919년 호텔 경영자인 레이먼드 오르테이그(Raymond Orteig)가 뉴욕과 파리 간 무착륙 비행에 성공하는 조종사에게 상금 약 3,300만 원을 주겠다고 공표했고, 이에 미국의 조종사 찰스 린드버그(Charles Lindbergh)가 비행에 성공했다.

# 누가 관심을
# 두는가?

Who Cares?

관심은 부족의 근간을 이루는 중요한 감정이다. 부족원들은 조직에 일어나는 일, 목표, 그리고 함께 일하는 다른 부족원에게 관심을 가져야 한다. 하지만 많은 조직들이 "누가 관심을 두는가?"라는 질문에 곤란해한다. 왜냐하면 아무도 신경 쓰지 않기 때문이다. 메뉴가 바뀌든 말든, 간접비 변동에 충당된 모금 비중이 달라지든 말든, 기기의 색깔이 바뀌든 말든, 비행기에 다른 승무원이 타든 말든 개의치 않는다.

아무도 관심이 없다면 당신에게는 부족이 없는 셈이다. 그리고 당신 역시 조직에 깊이, 그리고 진심으로 관심을 기울이지 않는다면 부족을 이끌 수 없다.

**216**

# 리더십의
## 요건

The Elements of Leadership

리더는 현재 상태에 도전한다.

리더는 목표를 중심으로 문화를 만들고, 그 문화에 다른 이들을 동참하게 한다.

리더는 자신이 바꾸고자 하는 세상에 엄청난 호기심을 갖고 있다.

리더는 다양한 형태의 카리스마를 발휘해 추종자들을 끌어모으고 동기를 부여한다.

리더는 안정적인 미래에 대한 비전을 제시하고, 그 미래가 올 것임을 약속한다.

리더는 비전을 실현하기 위해 전념하고, 이를 바탕으로 결정을 내린다.

리더는 추종자들을 서로 연결한다.

당신의 조직이나 지역 사회의 리더를 생각해 보면, 그들이 이러한 일곱 가지 리더십의 요건을 조합해 사용하고 있음을 알 수 있다. 리더가 되는 데 지위나 권력, 외모나 인

맥은 중요하지 않다. 당신에게 필요한 것은 오직 강력한 의

지다.

# 리더와
# 카리스마

Understanding Charisma

당신이 만났던 카리스마 있는 리더들을 떠올려 보라. 그들은 젊거나 나이가 많을 수도, 부자이거나 가난할 수도, 흑인이거나 백인일 수도 있다. 여성이거나 남성일 수도, 외향적이거나 내향적일 수도 있다. 그들이 지닌 단 한 가지 공통점은 리더라는 사실뿐이다.

사람들은 카리스마가 있어야 리더가 된다고 생각하지만 오히려 그 반대다. 리더가 되면 카리스마가 생긴다.

어떤 리더들은 언어 장애가 있거나 대중 앞에서 말하길 두려워하기도 한다. 조직의 말단에 있는 리더, 돈도 연줄도 없는 리더, 당연히 못생긴 리더도 있다. 그러니 카리스마는 매력과 아무 관련이 없다.

문제는 두려움이다. 사람들은 자신이 리더가 될 만큼의 역량이 없다고 스스로 축소하며 변명하기 쉽다. 마음속 체크리스트에서 카리스마 항목을 떠올리고는 '나는 태생적으로 리더의 카리스마가 없으니 그냥 따라갈래'라고 포기한다.

이러한 합리화의 맹점은 우리가 리더를 마치 카리스마를 타고난 특별한 존재라고 오해한다는 데 있다. 카리스마는 타고난 것이 아니라 선택하는 것이다.

# 로널드 레이건의
# 비밀

Ronald Reagan's Secret

많은 사람들이 경청하는 리더를 원한다. 하지만 실제로 그런 리더는 드물다.

왜일까? 우리는 종종 '경청'을 다수의 의견에 따르는 것, 혹은 여론에 편승하는 것으로 오해한다. 비전이 있는 리더일수록 경청을 단념할 때가 많은데 이는 대다수가 원하는 것이 평범한 수준이며, 그 수준만 좇아서는 자신의 목표를 달성할 수 없기 때문이다. 헨리 포드Henry Ford가 대중의 의견을 따랐다면, 우리는 지금도 자동차가 아닌 구식 마차를 타고 있을 것이다.

미국의 대통령이었던 로널드 레이건Ronald Reagan은 경청하고, 타인의 의견을 소중히 여기고, 자신의 결정이 타인의 의견과 매우 다를지라도 실행하는 데 탁월했다. 레이건은 적극적인 경청의 자세로 참모들과 상대 진영, 유권자 들에게 깊은 인상을 남겼다. 결국 사람들은 자신의 말을 귀담아들어 주기를 원한다. 그들이 말한 대로 당신이 행동하는지, 행동하지 않는지는 그다음 문제다.

클라우드 컴퓨팅 기업 랙스페이스$^{Rackspace}$의 회장이었던 그레이엄 웨스턴$^{Graham\ Weston}$은 본사를 외진 지역으로 이전하는 문제를 두고 불안을 느끼던 우수 인재들을 설득해야 했다. 그는 장황한 설교를 늘어놓지도, 달콤한 말로 회유하지도 않았다. 대신 직원 한 사람, 한 사람을 직접 만나 그들의 생각과 우려를 끝까지 들었다.

직원들을 움직이는 힘은 경청이다.

들어라. 진심으로 끝까지 귀 기울여라. 그러고 나서 과감히 결정하고 앞으로 나아가라.

# 평범함의
# 힘

'평범함을 지향하는 힘'이라는 표현이 좀 더 정확할지도 모른다.

우리는 비전을 제시하고 그것이 옳다고 증명하기만 하면, 갑자기 사람들이 앞다투어 지지해 줄 것이라고 믿기 쉽다.

그러나 현실은 정반대다. 뚜렷한 비전과 진실한 통찰은 언제나 저항에 부딪힌다. 비전을 행동으로 옮기는 과정은 더욱 험난하다. 제품이든, 서비스든, 커리어든, 무엇이든 간에 평범함을 지향하는 힘은 사소한 실수조차 용납하지 않는다. 그 힘은 끝날 때까지 물러서지 않고, 마지막 순간까지 당신을 저지할 것이다.

다른 길을 선택한다면 좀 더 쉬울 수도 있다. 그러나 누구나 갈 수 있는 길에서 당신의 노력은 결국 빛을 잃고 만다. 세상에는 언제나 상반되는 두 힘이 존재한다. 가치 있는 일을 하려고 할수록 저항이 뒤따르기 마련이다. 오히려 아무런 반대가 없다면 그것은 가치 있는 여정이 아닐 것이다. 그러니 물러서지 말자.

# 책, 그리고
# 아이디어를 파는 방법

How to Sell a Book
(or Any New Idea)

나의 친구는 새 책 출간을 앞두고 마케팅 아이디어를 찾고 있었다. 아마 그는 내 의견에 꽤 놀랐을 것이다. 나는 우선 한 권을 팔라고 제안했다.

당신을 신뢰하는 한 사람을 찾아서 책 한 권을 파는 것이다. 여기서 핵심은 상대가 책을 정말 마음에 들어 하고 들떠서 열 명의 지인에게 추천하는 것이다. 당신을 위한 호의가 아니라 상대의 지인들에게 도움이 될 거라는 생각에서 말이다.

부족은 다른 사람들을 영입할 때 성장한다. 아이디어도 같은 방식으로 널리 퍼진다. 물론 부족은 당신을 위해서가 아니라 서로 위하는 마음에서 그렇게 행동한다. 효과적인 아이디어가 퍼지도록 플랫폼을 마련해 주는 것이 바로 리더십이다. 프레드의 책이 입소문을 탄다면 아주 좋은 출발 신호다. 그러나 그렇지 않다면 새로운 책이나 더 좋은 플랫폼이 필요할 것이다.

# 어려운
# 일

Hard Just Got Easy

어려운 것이 쉬워지고, 쉬운 것이 어려워졌다.

예전에는 밭을 갈고, 차를 만드는 데 필요한 철을 구하고, 뉴욕에서 클리블랜드까지 적당한 가격에 소포를 제때 배송하는 일 자체가 어려운 과제였다.

신생 기업이 투자를 유치하고, 소비자들의 눈에 띄도록 매대를 확보하고, 공장을 운영하는 일은 결코 만만하지 않았다.

하지만 이제 이런 일들은 대부분 기술적 문제로 바뀌었다. 비용이 더 들 수는 있어도, 의지만 있다면 쉽게 실행할 수 있는 영역이 되었다.

요즘 시대에 정말 어려운 일은 따로 있다. 바로 규칙을 깨는 것이다. 이단자가 되겠다는 확신을 갖고, 혁신을 추구하며, 거센 저항을 견디고, 팀을 이끌어 세상에 새로운 변화를 선보이는 일이다.

성공한 이들은 이에 능한 사람들이다.

세계적인 명성을 지닌 미국의 관현악단 로스앤젤레스

필하모닉<sup>Los Angeles Philharmonic</sup>은 수천 명의 뛰어난 후보들 가운데 새 지휘자를 선택할 수 있는 위치에 있었다. 후보자들은 전통적인 방식으로 오케스트라를 이끌어 온 정상급 지휘자들이었다.

그러나 로스앤젤레스 필하모닉이 선택한 인물은 구스타보 두다멜<sup>Gustavo Dudamel</sup>이었다. 당시 26세였던 그는 베네수엘라 출신으로, 경험이 풍부한 경쟁자들에 비하면 이력서조차 상대가 되지 않을 정도였다. 전통적인 오케스트라를 이끌 자격이 충분히 검증되었다고 보기도 어려웠다. 하지만 로스앤젤레스 필하모닉은 기존의 방식을 반복할 지휘자는 언제든 쉽게 찾을 수 있다고 판단했다. 그들은 새로운 청중에게 새로운 방식으로 오케스트라를 선보일 리더를 원했다.

잠시 이 결정의 의미를 생각해 보자. 수많은 안전한 선택을 뒤로하고 로스앤젤레스 필하모닉은 도전적인 얼굴을 선택했다. 이단자들은 언제나 이러한 종류의 성공을 쟁취한다.

# 시도와
# 실수

무언가가 한순간에 변한다든지, 지금 바로 시장에서 성공을 거둘 정답이 있다든지, 갑자기 엄청난 아이디어가 떠오른다는 믿음은 근거 없는 환상에 가깝다. 모든 성과는 누적의 결과다. 발전은 한 걸음, 한 걸음씩 서서히 일어난다. 만루 홈런은 결코 쉬운 일이 아니다.

아이폰은 출시된 지 1년도 되지 않아 400만 대를 판매하고, 1조 3,000억 원 이상 매출을 올리며 큰 성공을 거두었다. 사람들은 한때 세계적인 마케팅 전문가 로라 리스<sup>Laura Reis</sup>가 "아이폰은 절대 성공하지 못할 것"이라고 얘기한 사실을 기억하지 못한다.

비자<sup>VISA</sup>와 마스터카드<sup>Mastercard</sup>는 엄청난 아이디어였지만 시장에 자리 잡기까지는 수년이 걸렸다. 사람들이 줄 서서 기다리는 식당도 마찬가지로 처음부터 그랬던 건 아니었다.

조직이 전력을 쏟아붓기도 전에 성공하기를 바란다면 결국 둘 다 얻지 못할 것이다. 리더십의 중요한 요소 중 하나는 끈질기게 자신의 꿈을 고수하는 능력이다. 당신이 그 꿈에 어떻게든 다다를 것임을 혹평가가 깨달을 만큼 오랫동안 말이다. 그러면 결국 그들도 당신을 따를 것이다.

# 긍정적인
# 일탈자

당신은 어떻게 리더들을 관리하는가?

    조직의 어느 곳에서든 리더는 등장할 수 있다. 그렇기에 고위 경영진은 그들을 찾고 지원하는 역할을 해야 한다. 리더에게는 각자의 부족이 있고, 누군가는 그 부족들을 이끌어야 한다. 이 지점에서 긍정적 일탈자라는 개념이 등장한다.

    기본적으로 관리자들은 일탈자를 좋아하지 않는다. 확립된 규칙에서 벗어나는 행동은 정해진 항목을 달성해야 하는 관리자의 관점에서 실패로 보이기 쉽다. 따라서 대부분의 시간에 대부분의 관리자는 일탈 행위와 그것을 주도하는 일탈자들을 뿌리 뽑기 위해 애쓴다. 관리자들은 일탈자의 싹을 잘라 버린다. 그것이 그들의 '일'이기 때문이다.

    그러나 리더는 완전히 다른 관점을 지닌다. 그들은 변화가 어디서든 일어날 수 있으며, 그것이야말로 성공의 핵심임을 이해한다.

    또한 변화에 몰두하여 스스로 무언가를 바꾸기 위해 노력하는 직원일수록 더 행복하고 생산적인 것으로 나타났다.

이 사실들을 종합해 보면 당신에게는 더 많은 리더와 일탈자, 변화를 실행하는 직원들이 절실히 필요하다는 결론에 도달한다. 위대한 리더들은 일탈자들을 찾아내고, 그들의 옳은 행동을 포착해 받아들인다.

국제 개발 전문가였던 제리 스터닌Jerry Sternin 역시 한평생 이 원칙에 따라 일했다.

그는 굶주린 아이들을 돕기 위해 베트남에 갔다. 기존의 방법이나 입증된 외부의 기법을 적용하기보다 새로운 방법을 사용하기로 했다. 제리는 굶주리지 않은 소수의 가족, 즉 근근이 버티는 것이 아니라 아이들을 건강하게 키워내고 있는 몇몇 어머니에게 주목했다. 그런 다음 그 어머니들이 다른 가정에게 자신의 비법을 공유하게끔 했다.

뻔해 보이지만 당시 기준으로는 분명 이단적인 접근이었다. 구호 활동가가 어려움을 겪는 마을에 가서 그들의 비표준적인 생활 방식을 근절하지 않는다는 것은 말도 안 되는 일이었다.

"전통적인 모델로는 사회와 조직을 바꿀 수 없습니다. 효과가 있었던 적도 없지요. 근본적인 해결책은 외부에서 찾을 수 없습니다." 제리는 인터뷰에서 이렇게 말했다.

동료 메리언 자이틀린Marian Zeitlin의 도움을 받아 제리는 그의 아내와 이 방법을 개발도상국부터 코네티컷의 병원에 이르기까지 전 세계에 확산시켰다.

이 과정을 반복하면서 그들은 단순한 원칙을 찾았다. 다른 방식을 제시하고 변화를 주도하는 이단자, 즉 리더를 찾아내는 것이다. 그리고 그들의 일을 확장시키고, 그들이 설 수 있는 플랫폼을 제공하며, 추종자를 모을 수 있도록 지원한다. 이러한 요소가 갖춰지면 모든 것은 발전하고, 상황은 언제나 더 나은 방향으로 움직인다.

이 과정이 지나치게 단순해 보인다고 해서 폄하되지 않기를 바란다. 그만큼 본질적이고 중요한 일이기 때문이다. 이 효과적인 아이디어는 매일 수많은 아이들의 생명을 구하고 있다. 제리가 한 일은 거창하지 않았다. 건강한 아이들을 키우는 어머니를 찾아내고, 그들이 마을 사람들에게 비법을 전수하도록 한 것이 전부였다. 어머니들에게 조명을 비추고, 계속해서 노력하도록 격려하고, 무엇보다 다른 이들이 그 방식을 따르게끔 권장했다.

아주 간단하지만 놀라울 만큼 효과적인 방법이다. 어쩌면 이 책을 관통하는 가장 중요하고 실질적인 아이디어라고 생각한다.

# 의무

그리 멀지 않은 몇 블록 떨어진 곳에는 충분한 식량도, 돌봐 줄 부모도 없는 아이들이 있다. 비행기로 몇 시간을 가야 하는 조금 더 먼 곳에는 기반 시설이 부족하다는 이유로 자신의 꿈을 이룰 수 없는 사람들이 있다. 더 멀리 떨어진 곳에는 정부에게 잔혹한 박해를 당하는 사람들도 있다. 대학은 커녕 고등학교도 갈 수 없는 사람들이 가득하다. '오늘은 회사에서 좋은 주차 자리를 찜할 수 있을까?' 같은 생각은 꿈꿀 수도 없다.

그러니 안주하지 말라. 이건 당신의 의무다.

이 모든 혜택과 추진력과 기회를 가지고 그저 평범함에 안주하고, 기존 상태를 고수하고, 회사 정치나 걱정하는 것은 아무런 의미가 없다.

작가 플린 베리Flynn Berry는 절대 '기회'라는 단어를 사용하지 말라고 했다. 기회가 아니라 사실상 의무이기 때문이다.

우리에게 다른 선택지는 없다. 나는 우리에게 규칙을

바꾸고, 기준을 높이고, 다른 게임을 펼치고, 상상할 수 없을 정도로 잘 해내야 할 의무가 있다고 믿는다.

# 인정받는
## 것

여기저기에서 '인정받는 법'에 관한 질문을 자주 받는다. 사람들은 자신의 아이디어에 대한 공로를 어떻게 확실히 인정받을 수 있는지 알고 싶어 한다. 특히 상사가 그 공을 가로채려는 상황에서 말이다. 혹은 자신들의 책이나 블로그에 적은 아이디어가 내 작업에서 비롯된 것임을 밝히려면 어떻게 해야 하는지 궁금해한다.

그러나 진정한 리더들은 신경 쓰지 않는다.

당신의 사명이 믿음을 전파하고 변화를 일으키는 것이라면 인정받는 것에 관심이 없을 뿐 아니라, 오히려 다른 사람에게 영광이 돌아가길 바란다.

우리는 루비 온 레일즈<sup>Ruby on Rails</sup>같은 뛰어난 도구로 웹사이트를 자유롭게 만들 수 있다. 이 소프트웨어를 개발한 37시그널스<sup>37signals</sup> 직원들의 공을 인정할 필요 없이 무료로 사용할 수 있다.

그래도 그들은 개의치 않는다. 프로그램을 개발해 공로를 인정받거나 생계를 꾸려 나가려 한 게 아니기 때문이다.

이미 많은 사람들이 그 소프트웨어가 그들의 작품이라는 것을 알고 있으며, 직접 찾아가 존경을 표한다. 프로그램이 더 널리 사용될수록 그들이 시작한 변화의 움직임은 더 멀리 퍼져 나간다. 그것만이 그들의 진정한 목표이다.

마틴 루서 킹 주니어<sup>Martin Luther King Jr</sup>나 모한다스 카람찬드 간디<sup>Mohandas Karamchand Gandhi</sup>가 자신의 공로를 인정받지 못한다고 불평했다는 기록은 어디에도 없다. 핵심은 인정받는 것이 아니라 변화 그 자체다.

# 큰 긍정

르네 호로멕<sup>Rene Hromek</sup> 이라는 사람이 큰 긍정<sup>BIG YES</sup>에 대한
글을 써서 내게 보낸 적이 있다. 큰 긍정과 작은 부정을 대조
해 보면 리더십이 무엇을 요구하는지 좀 더 명확히 보인다.

　작은 부정은 매우 흔하고 거부하기 어려우며, 안전하게
느껴진다. 지레 겁먹어 발을 빼는 것이다. 작은 부정들은 혼
란과 번거로운 상황에서 벗어나게 해 주기 때문에 어느 곳
에서나 수없이 발견할 수 있다.

　반면 큰 긍정은 리더십을 발휘하고 위험을 감수하는 것
을 의미한다. 이는 곧 지렛대가 되기도 한다. 오늘날 그 어
느 때보다, 큰 긍정은 의지가 있는 모든 행운아들에게 열린
가능성이다.

# 상상력

알베르트 아인슈타인<sup>Albert Einstein</sup>은 "지식보다 중요한 것은
상상력이다"라고 말했다. 리더는 이전에 존재하지 않던 무
언가를 만들어 낸다. 그들은 아직 일어나지 않았지만 일어
날 수 있는 일에 대한 비전을 부족에게 제시하고, 그 비전을
실현해 낸다.

   지식 없이 관리할 수 없다. 그리고 상상력 없이 이끌 수
없다.

# 격렬한
# 저항

Fierce Protection

제작자 맷 그레이닝<sup>Matt Groening</sup>이 영화 〈심슨 가족, 더 무비
The Simpsons Movie〉를 만들고 있을 때, 스튜디오의 경영진들은
많은 PPL을 넣으라고 몰아붙였다. 그들은 과도한 PPL이 수
익 면에서 유리할 뿐 아니라, 재밌는 요소로 여겨질 수 있다
고 설명했다. 지나칠 정도로 PPL을 끼워 넣으면, 관객들이
그 상황을 우습게 받아들이며 즐길 것이라고 말이다.

만약 맷이 자기의 의견을 끝까지 고수하며 저항하지 않
았다면, 영화는 엉망이 됐을 것이다. 그가 타협했다면 프로
젝트는 더 빨리 진행될 수 있었겠지만, 그 과정에서 작품이
망가질 위험이 있었다.

# 믿음

사람들은 당신의 말을 쉽게 믿지 않는다.

사람들은 당신이 보여 주는 것도 선뜻 믿지 않는다.

하지만 사람들은 친구들이 하는 말은 곧잘 믿는다.

그리고 무엇보다, 사람들은 자기 자신에게 하는 말은 언제나 기꺼이 믿는다.

리더는 설득하는 사람이 아니라, 사람들이 스스로 확신에 이르도록 이야기를 제공하는 사람이다. 그 이야기는 바로 미래와 변화에 관한 것이다.

# 왜
# 시작하지 않는가? Why Not You, Why Not Now?

이제 리더가 되는 데 걸림돌이 되었던 장벽들은 대부분 사라졌다. 부족들은 곳곳에 있으며, 많은 부족이 리더를 찾고 있다. 그러니 이것이 당신의 딜레마다. 장애물도 없는데 왜 시작하지 않는가?

간단히 예를 들어 보자. 예전에는 책을 내고 싶으면 출판사를 찾아야 했다. 출판사 없이는 출간도 불가능했다.

하지만 이제는 혼자서도 책을 출간할 수 있다. 출판 플랫폼을 이용하면 된다. 누군가의 승낙을 받을 필요 없이 예비 작가들은 스스로 판단해 결정하면 끝이다.

지금의 리더십도 이와 같다. 누구도 당신에게 리더라는 허락이나 승인, 허가증을 주지 않는다. 그냥 이끌면 된다. 거절할 수 있는 사람은 오직 자기 자신뿐이다.

그러면 언제가 좋은 시점일까?

리더가 되기 위해 필요한 것이 있는가? 더 많은 권력이나 학위, 혹은 돈이 필요한가? 부족을 이끄는 데 필요한 모든 것을 갖출 시기는 도대체 언제일까?

누군가 당신에게 2주를 주면서 연설을 준비하거나 선언서를 쓰거나 결정을 내리라고 한다면, 그 시간은 충분한가? 2주도 충분하지 않다면 4주, 그것도 아니면 12주면 되겠는가? 아니면 1,000주의 시간이 필요한가?

내 경험상 리더는 기다릴 필요가 없다. 학위와 돈, 권력과 성공적인 리더십 간에는 아무런 관계가 없다. 전혀 없다. 존경받는 정치인이었던 존 매케인John McCain은 해군사관학교 재학 시절 성적이 반에서 거의 꼴찌였다. 주방 용품을 파는 영업 사원이었던 하워드 슐츠Howard Schultz는 자금도 부족하고 매장도 고작 세 개뿐이었던 원두 체인점을 스타벅스로 만들었다. 인도에서 독립운동을 이끈 간디는 남아프리카의 평범한 변호사였다. 기다림은 아무런 의미가 없다. 그러니 지금 바로 시작하자.

# 완벽함이라는
# 허상

품질은 언제나 필수적인 요소가 아니다. 어떤 품목에서는 오히려 핵심이 아닐 수도 있다.

품질을 '정해진 사양에 얼마나 정확하고 일관되게 맞추는가'로 정의한다면, 심장 박동기 같은 제품에는 상당히 중요할 것이다. 그러나 400만 원짜리 오트 쿠튀르<sup>haute couture</sup> 드레스에는 얘기가 다르다.

그 세계에서 더 중요한 것은 기능적 완결성이 아니라 패션적 요소다.

우리가 말하는 '완벽' 역시 현재 상태를 유지하기 위해 만들어진 허상에 불과하다. 식스 시그마<sup>Six Sigma</sup>● 처럼 변동을 최소화하고 불량률을 낮추는 데 초점을 둔 허울뿐인 형식은 변화를 피하는 데에만 머문다. 변화는 본질적으로 완벽하지 않기 때문이다. 변화란 재창조를 의미한다. 그리고 무

●　　　변동을 최소화해 불량률을 줄이고, 완벽에 가까운 제품이나 서비스 개발에 목적을 둔 품질 경영 기법.

엇인가가 재창조되기 전까지는, 우리가 알고 있던 그 사양
이 정말 완벽한지 결코 알 수 없다.

# 야후와
# 땅콩버터 선언

Yahoo and the Peanut Butter Memo

야후의 수석 부사장이었던 브래드 갈링하우스<sup>Brad Garlinghouse</sup>는 비록 잠시였지만 빛나는 기지로 야후를 구했다. 어쨌든 그는 자신의 부족을 되찾았다.

2006년, 브래드는 야후에서 이단자 같은 행동을 벌였다. 야후의 상사들에게 회사 전략의 문제점을 설명하고, 회사의 관행을 뒤흔들고, 미래의 비전을 제시하는 예리한 내용의 문서를 작성한 것이다.° 브래드가 문서를 작성한 목적은 그와 함께 회사를 운영하던 경영진이라는 작은 부족을 선동하기 위해서였다.

그런데 문서가 유출됐다.

문서는 신문에 실렸고, 곧 인터넷 전역으로 퍼지기 시작했다. 이전까지 잘 알려지지 않은 야후의 중역이었던 브래드에게 갑자기 관심이 쏟아졌다. 그러나 내부적으로 브래

---

● 　땅콩버터 선언(Peanut Butter Memo)으로 알려진 문서로, 빵에 펴 바르는 땅콩버터처럼 야후의 사업이 여러 부문에 걸쳐 있어 특별한 강점이 없음을 비유한 것.

드는 곤경에 처했다. 이단자를 꿈꾸는 모든 이들에게 악몽 같은 상황이었다.

'풍선 공장 사람들', 즉 평범함에 안주하는 사람들은 이런 상황을 유니콘에게 던지는 경고로 여긴다. "조심해. 안 그러면 곤란해질 거야."

하지만 결과적으로 브래드의 문서를 시작으로 당시 CEO였던 테리 세멜Terry Semel이 사임하고 야후에는 큰 변화가 일어났다. 또한 브래드의 커리어에도 새로운 전환점을 맞았다.••

---

•• 브래드 갈링하우스는 2008년 야후를 떠난 후 AOL, 하이테일(Hightail)을 거쳐 현재 리플(Ripple)의 CEO를 맡고 있다.

# 잃을 게
# 무엇인가?

What Do You Have to Lose?

문서를 직접 유출한 건 아니었지만, 브래드는 상사들에게 자신의 솔직한 생각을 공유할 만큼 대담했다. 브래드가 만약 해고됐다 하더라도, 그에게 같이 일하자고 할 회사들(더 나은 회사)은 많았을 것이다. 그러니 그에게 일어날 수 있는 최악의 상황은 더 좋은 일자리였다. 그리고 실제로 그랬듯이, 브래드의 문서가 통했다면 그는 회사를 더 좋은 기업으로 만들고, 주주뿐 아니라 자기 커리어를 위해서도 옳은 일을 한 셈이다.

전문성을 인정받고, 열심히 노력해 자신의 임무를 다하고, 신뢰를 얻은 후였기 때문에 브래드는 아무것도 잃을 것이 없었다. 물론 용기가 필요한 일이었지만, 그만한 가치는 충분했다.

그러니 당신은 왜 주저하는가?

# 죽이지
# 마세요

동물 보호 운동가 네이선 위노그래드<sup>Nathan Winograd</sup>는 공식적인 권한도, 제도적 책임도 없는 위치에 있었다. 사람들을 자신의 뜻대로 움직일 수 있는 자리와도 거리가 멀었다.

그럼에도 그는 여러 보호소와 지역 사회에서 수많은 개와 고양이를 대하는 방식을 바꾸어 놓았다. 명령이나 법을 사용해서가 아니라, 하나의 부족을 이끌면서 말이다.

매년 500만 마리의 건강한 개와 고양이가 보호소에서 죽임을 당한다. 몇몇 보호소는 안락사 비중이 90퍼센트에 달했다. 네이선은 이를 참을 수 없었고, 많은 사람이 그에 동의했다. 그러나 기존의 부족은 모든 동물이 입양될 수 없다는 점을 꼬집었다. 특히 늙거나 귀엽지 않은 반려동물들은 입양이 쉽지 않았다. 그렇다면 이 동물들은 다 어쩌란 말인가? 기존의 부족은 대안이 없다고 생각했다.

위노그래드의 멘토인 리처드 아반지노<sup>Richard Avanzino</sup>는 한 보호소에서 다른 방법을 시도했다. 그는 새로운 방법이 있으며, 기존의 방법을 그대로 유지할 필요가 없음을 행동으로 보여 주었다.

아반지노는 지금은 당연하게 여겨지지만 당시에는 논란이 있었던 프로그램을 실행했다. 그가 이끌던 샌프란시스코의 동물학대방지협회<sup>SPCA</sup>는 입양 전에 동물의 중성화 수술을 시행했다. 또한 위탁보호 프로그램을 도입하여 보호 가정에 맡겨진 동물들이 그대로 입양되는 사례를 크게 늘렸다. 그는 밴에 반려동물들을 가득 태우고 거리로 나가 입양을 원하는 가족을 직접 찾기도 했다.

아반지노가 이러한 결과를 다른 보호소에 공유하자, 자리를 박차고 나가는 참석자들도 있었다. 기존의 시스템을 고수하는 그들은 변화할 준비가 되지 않은 부족이었다.

그러나 다음 행보는 더 과감했다. 아반지노는 SPCA가 안락사 업무를 중단하게 했고, 시에서 제안하는 큰 규모의 계약을 거절했으며, 비전을 함께할 수 없는 직원들에게 다른 일을 찾으라고 권했다. 그는 새로운 부족을 키웠고, 새로운 자세를 지닌 새로운 사람들을 발견해 그들을 이끌었다.

몇 년 만에 그의 신생 조직은 수백억 원의 흑자를 냈다. 이를 바탕으로 아반지노는 건강한 동물들을 죽이는 대신 SPCA로 이송하는 법안을 샌프란시스코에서 통과시키려 했다. 다음에 일어난 일은 놀랍지만 사실이다. 주요 단체들과 채식주의 단체들이 이 법안에 반대하기 위해 청문회에 나온 것이다. 그들은 동물들이 죽지 않고 입양될 수 있다고 믿게 되면, 사람들이 동물을 더 쉽게 버릴 거라고 주장했다.

그렇다면 아반지노는 법안을 어떻게 통과시켰을까? 수많은 작은 동물을 구하려는 그의 노력은 어떻게 성공을 거둔 걸까? 비법은 간단하다. 바로 새로운 부족과 대중 덕분이었다. 아반지노는 자신의 이야기를 듣고, 따르고, 행동을 취하고 싶어 하는 큰 집단을 발견했다. 그 결과 1995년까지 샌프란시스코는 동물을 죽이지 않는 도시가 되었다. 모든 건강한 동물들은 죽임을 당하지 않고 입양됐다.

이 이야기는 위노그래드로 이어진다. 아반지노가 샌프란시스코를 떠난 후, SPCA는 서서히 흔들리기 시작했다. 리더십은 결단력을 잃었고, 무료 중성화 프로그램이 중단되었다. 조직은 가치를 지키기보다 타협을 선택했다. 이에 분개한 위노그래드는 결국 조직을 떠났다.

그는 뉴욕주 외곽에 있는 톰킨스 카운티의 SPCA로 향했다. 위노그래드에게 주어진 역할은 낡은 시설에서 적은 예산(심지어 부채도 있는)과 오래된 방식에 익숙한 직원들과 함께 유기견을 잡아들이는 것이었다.

위노그래드는 이 책에서 접한 여러 단계를 따랐다. 절

대 타협하지 않았다. 일을 시작한 첫날부터 그는 고통을 줄이기 위한 안락사는커녕, 동물을 죽이는 일 자체를 단호히 거부했다. 그는 직원들에게 이를 뚜렷하고 분명히 전달했고, 몇 달 만에 부족에 합류하기를 원치 않는 절반이 떠났다.

물론 네이선 위노그래드는 추종자 없이는 리더십도 존재할 수 없음을 잘 알고 있었다. 그래서 그는 대중에게 직접 다가가기로 했다. 이야기를 듣고 싶어 하는 사람들에게로 말이다. 1년 동안 보호소에 관해 400건이 넘는 기사가 쏟아지고, 기부금이 몰려들었으며, 200여 명에 달하는 봉사자들이 12,000시간의 봉사를 제공했다. 보통 10~20퍼센트의 입양률과 달리, 톰킨스 카운티는 매우 아프거나 공격적인 동물을 제외하고 85퍼센트 이상의 동물을 입양시키는 데 성공했다.

이는 우연한 성공이 아니었다. 위노그래드는 버지니아주의 샬러츠빌에서도 같은 성과를 냈다. 그곳에서 부족을 세운 뒤 네바다주의 리노에서 동일한 변화를 만들어 냈다. 그가 이룬 성과는 매번 어떤 예산이나 권력도 없이 오직 리더십만으로 가능했다.

이 이야기는 많은 생각을 안겨 준다. 우선, 우리가 미처

알지 못하는 사이에도 수백만 마리의 동물들이 당연한 일처럼 죽임을 당한다는 사실에 분노가 치민다. 그리고 사명을 지닌 한 사람이 엄청난 변화를 일으킬 수 있다는 사실이 자랑스럽다. 마지막으로, 위노그래드가 아무것도 없이 기존의 오래된 악행을 바꿀 수 있었다면, 우리도 그렇게 할 수 있다는 믿음이 든다.

부족들은 누군가 그들을 모으고 이끌어 주기를 기다리고 있다. 그들에게 필요한 것은 옳은 일을 위해 헌신하는 리더다.

나는 위노그래드의 이야기에 깊은 감동을 받았다. 스스로 저항할 수 없는 동물들을 대신해 온 힘을 쏟아 변화를 일으키는 그의 방식에 마음이 움직였다. 아직 오지 않은 미래를 먼저 보고, 그것을 현실로 끌어오는 그의 실행력에도 감탄했다. 무엇보다 인상 깊었던 것은 그가 사람들을 부족으로 묶어 세우고, 모두가 기꺼이 동참하도록 만든 리더십의 힘이었다.

# 리더의
# 모습

The Look of the Leader

리더는 어떤 모습일까?

그동안 전 세계의 수많은 지역에서 다양한 직업을 지닌 리더들을 만났다. 젊거나 연륜 있는 리더, 큰 부족이나 작은 부족을 이끄는 리더도 있었다.

하나 분명하게 말할 수 있는 점은 리더들에게 공통점이 거의 없다는 사실이다.

성별, 소득 수준, 지역, 유전인자, 교육, 혈통, 직업 등 모두 제각각이다. 장담하건대, 리더는 타고나지 않는다.

하지만 그들에게 단 하나의 공통점이 있다. 내가 만난 모든 부족의 리더들은 자신이 이끌겠다는 확고한 의지를 갖고 있었다.

# 이제 무엇을
# 해야 할까?

What, Exactly, Should You Do Now?

자, 이제 막바지에 이르렀다. 이쯤에서 누군가는 부족을 찾고 이끄는 방법에 대한 체크리스트나 요약본, 혹은 입문자용 설명서를 기대했을지도 모른다.

바로 그 지점이 핵심이다.

어쩌면 이 책은 체계적이지 않다거나, 실용성이 떨어진다거나, 독자를 지나치게 몰아붙인다는 비판을 받을지도 모른다. 하지만 괜찮다. 변화에는 언제나 저항이 따르기 마련이니까.

모든 부족은 다르고, 모든 리더도 다르다. 기존의 방식대로 하지 않는 것, 바로 그 지점이 리더십의 본질이다. 이전과 똑같이 행동하고 있다면, 당신은 이끄는 사람이 아니라 따르는 사람일 뿐이다.

부디 직접 선택하기를 바란다. 내가 만난 모든 리더는 스스로 선택했고, 자신의 선택에 만족했다.

이끌 것인가 말 것인가, 믿음을 가질 것인가 말 것인가, 부족에 기여할 것인가 말 것인가의 결정은 오롯이 당신의 몫이다.

리더가 되지 못할 이유는 수천 가지일지도 모른다. 자원이 부족할 수도 있고, 권위나 유전자, 추진력이 부족할 수도 있다. 그런데 그게 무슨 상관인가? 당신은 여전히 선택할 수 있다.

일단 이끌기로 결심한 순간, 그 선택을 재고하라고, 타협하라고, 포기하라고 압박하는 목소리가 사방에서 들려올 것이다. 당연하다. 당신을 잠자코 따르는 사람으로 만드는 것이 세상이 작동하는 방식이며, 현 상태가 계속 유지되는 이유이기 때문이다.

하지만 일단 당신이 리더가 되기로 선택했다면, 의외로 어렵지 않음을 깨달을 것이다. 당신이 할 수 있는 방안이 더 선명히 보이고, 그러한 긍정이 당신을 도달하게 해 줄 것이다. 그러니, 이제 시작하자!

# 마지막
## 당부

한 가지 부탁이 있다.

이 책에서 무언가를 얻었다면(만약 형광펜으로 칠하거나, 동그라미를 치거나, 메모를 붙인 부분이 있다면) 부디 이렇게 해 주면 좋겠다.

이 책을 다른 사람에게 건네 달라.

그들에게 책을 읽어 보라고 추천하고, 리더십에 대한 자신의 선택을 내리라고 권유하자.

우리는 그들이 필요하다. 우리는 당신이 필요하다.

그러니 이 아이디어를 퍼뜨려 달라.

# 트라이브즈

**초판 1쇄 발행** 2026년 03월 25일

**지은이** 세스 고딘
**옮긴이** 송보라
**펴낸이** 김상현

**콘텐츠사업본부장** 유재선
**출판팀장** 전수현　**책임편집** 이경미　**편집** 윤정기 심재헌　**디자인** 김예리 권성민
**마케팅팀** 엄재욱 이영섭 남소현 배성경
**미디어사업팀** 김예은 정선영 정영원 정수아
**경영지원** 이관행 김준하 안지선 김지우

**펴낸곳** (주)필름
**등록번호** 제2019-000002호　**등록일자** 2019년 01월 08일
**주소** 서울시 영등포구 영등포로 150, 생각공장 당산 A1409
**전화** 070-4141-8210　**팩스** 070-7614-8226
**이메일** book@feelmgroup.com

**필름출판사 '우리의 이야기는 영화다'**

우리는 작가의 문체와 색을 온전하게 담아낼 수 있는 방법을 고민하며 책을 펴내고 있습니다.
스쳐가는 일상을 기록하는 당신의 시선 그리고 시선 속 삶의 풍경을 책에 상영하고 싶습니다.

**홈페이지** feelmgroup.com　**인스타그램** instagram.com/feelmbook

**ISBN** 979-11-93262-99-3 (03190)